中华传统文化经典注音全本

易 经

杨 权 注释

文王

虞芮質成諸侯歸國
易演後天語摒至德

图书在版编目（CIP）数据

易经/杨权注释．—南京：东南大学出版社，
2013.1（2024.1重印）
（中华传统文化经典注音全本：口袋本）
ISBN 978-7-5641-3517-1

Ⅰ.①易… Ⅱ.①杨… Ⅲ.①周易－儿童读物
Ⅳ.①B221-49

中国版本图书馆CIP数据核字(2012)第100466号

易 经

责任编辑	彭克勇
封面设计	方楚娟
出版发行	东南大学出版社
社　　址	南京市四牌楼2号　邮编：210096
出 版 人	江建中
网　　址	http://www.seupress.com
经　　销	全国各地新华书店
印　　刷	南京玉河印刷厂
开　　本	787mm×1092mm　1/32
印　　张	8.75
字　　数	320千字
版　　次	2013年1月第1版
印　　次	2024年1月第6次印刷
书　　号	ISBN 978-7-5641-3517-1
定　　价	16.00元

出版说明

"中华传统文化经典注音全本"口袋本是在"东大国学经典书系"的基础上,根据"流传广泛,内容经典,篇幅适中"的原则再精选出来的二十九种经典,它使用适合携带的口袋开本,保留原书的精美版式,双色印刷,锁线装订,使读者能以低廉的价格收藏经典并享受阅读的乐趣。

这套经典包括如下典籍:《论语》《老子·大学·中庸》《诗经》《孟子》《唐诗三百首》《三字经·百家姓·千字文》《千家诗》《声律启蒙·笠翁对韵》《孝经·弟子规·增广贤文》《孙子兵法·三十六计》《易经》《尚书》《庄子》《楚辞》《盐铁论》《宋词三百首》《元曲三百首》《五字鉴·菜根谭》《幼学琼林》《龙文鞭影》《国语》《武经七书》《周礼》《仪礼》《尔雅》《山海经》《古诗源》《春秋公羊传》《春秋榖梁传》。基本上涵盖了古代国学精华以及古代蒙学精华。

这套书在编辑、注释、注音时坚持以"四库全书"为主,遍搜各种版本,尽量多地参照最新研究成果,力求做到每个字的注释注音都有出处,所选的必是全本,这样有助于读者认识经典全貌。由于我们水平有限,在编校过程中还有不足之处,请读者提出宝贵意见,供我们再版时参考。

龙马出河之瑞图　明·《新锲纂集诸家全书大成断易天机》

读经诵典 受益匪浅

目录

上经 (shàng jīng)

乾卦第一 (qián guà dì yī)	3
坤卦第二 (kūn guà dì èr)	12
屯卦第三 (zhūn guà dì sān)	17
蒙卦第四 (méng guà dì sì)	20
需卦第五 (xū guà dì wǔ)	23
讼卦第六 (sòng guà dì liù)	26
师卦第七 (shī guà dì qī)	30
比卦第八 (bǐ guà dì bā)	33
小畜卦第九 (xiǎo xù guà dì jiǔ)	36
履卦第十 (lǚ guà dì shí)	39
泰卦第十一 (tài guà dì shí yī)	42
否卦第十二 (pǐ guà dì shí èr)	45
同人卦第十三 (tóng rén guà dì shí sān)	48
大有卦第十四 (dà yǒu guà dì shí sì)	51
谦卦第十五 (qiān guà dì shí wǔ)	54
豫卦第十六 (yù guà dì shí liù)	57
随卦第十七 (suí guà dì shí qī)	60
蛊卦第十八 (gǔ guà dì shí bā)	63
临卦第十九 (lín guà dì shí jiǔ)	65
观卦第二十 (guān guà dì èr shí)	68
噬嗑卦第二十一 (shì hé guà dì èr shí yī)	70
贲卦第二十二 (bì guà dì èr shí èr)	72
剥卦第二十三 (bō guà dì èr shí sān)	75
復卦第二十四 (fù guà dì èr shí sì)	77
无妄卦第二十五 (wú wàng guà dì èr shí wǔ)	80
大畜卦第二十六 (dà xù guà dì èr shí liù)	83
颐卦第二十七 (yí guà dì èr shí qī)	85
大过卦第二十八 (dà guò guà dì èr shí bā)	87
坎卦第二十九 (kǎn guà dì èr shí jiǔ)	90
离卦第三十 (lí guà dì sān shí)	93

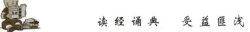

下 经 (xià jīng)

- 咸卦第三十一 (xián guà dì sān shí yī) 99
- 恒卦第三十二 (héng guà dì sān shí èr) 102
- 遁卦第三十三 (dùn guà dì sān shí sān) 105
- 大壮卦第三十四 (dà zhuàng guà dì sān shí sì) 107
- 晋卦第三十五 (jìn guà dì sān shí wǔ) 109
- 明夷卦第三十六 (míng yí guà dì sān shí liù) 112
- 家人卦第三十七 (jiā rén guà dì sān shí qī) 115
- 睽卦第三十八 (kuí guà dì sān shí bā) 117
- 蹇卦第三十九 (jiǎn guà dì sān shí jiǔ) 120
- 解卦第四十 (jiě guà dì sì shí) 124
- 损卦第四十一 (sǔn guà dì sì shí yī) 127
- 益卦第四十二 (yì guà dì sì shí èr) 130
- 夬卦第四十三 (guài guà dì sì shí sān) 133
- 姤卦第四十四 (gòu guà dì sì shí sì) 136
- 萃卦第四十五 (cuì guà dì sì shí wǔ) 139
- 升卦第四十六 (shēng guà dì sì shí liù) 142
- 困卦第四十七 (kùn guà dì sì shí qī) 144
- 井卦第四十八 (jǐng guà dì sì shí bā) 147
- 革卦第四十九 (gé guà dì sì shí jiǔ) 150
- 鼎卦第五十 (dǐng guà dì wǔ shí) 153
- 震卦第五十一 (zhèn guà dì wǔ shí yī) 156
- 艮卦第五十二 (gèn guà dì wǔ shí èr) 159
- 渐卦第五十三 (jiàn guà dì wǔ shí sān) 161
- 归妹卦第五十四 (guī mèi guà dì wǔ shí sì) 165
- 丰卦第五十五 (fēng guà dì wǔ shí wǔ) 168
- 旅卦第五十六 (lǚ guà dì wǔ shí liù) 171
- 巽卦第五十七 (xùn guà dì wǔ shí qī) 174
- 兑卦第五十八 (duì guà dì wǔ shí bā) 176
- 涣卦第五十九 (huàn guà dì wǔ shí jiǔ) 178
- 节卦第六十 (jié guà dì liù shí) 180
- 中孚卦第六十一 (zhōng fú guà dì liù shí yī) 182
- 小过卦第六十二 (xiǎo guò guà dì liù shí èr) 185
- 既济卦第六十三 (jì jì guà dì liù shí sān) 188
- 未济卦第六十四 (wèi jì guà dì liù shí sì) 190

读经诵典　受益匪浅

系辞上传 xì cí shàng zhuàn

第一章 ……… 195
第二章 ……… 196
第三章 ……… 197
第四章 ……… 198
第五章 ……… 199
第六章 ……… 200
第七章 ……… 200
第八章 ……… 201
第九章 ……… 204
第十章 ……… 206
第十一章 …… 208
第十二章 …… 210

系辞下传 xì cí xià zhuàn

第一章 ……… 215
第二章 ……… 216
第三章 ……… 219
第四章 ……… 220
第五章 ……… 220
第六章 ……… 225
第七章 ……… 226
第八章 ……… 228
第九章 ……… 228
第十章 ……… 230
第十一章 …… 230
第十二章 …… 231

说卦传 shuō guà zhuàn

第一章 ……… 235
第二章 ……… 235
第三章 ……… 236
第四章 ……… 236

读经诵典　受益匪浅

第五章 ······ 237
第六章 ······ 238
第七章 ······ 239
第八章 ······ 239
第九章 ······ 240
第十章 ······ 240
第十一章 ······ 241

序卦传 ······ 245

杂卦传 ······ 256

附录一

(一)八卦取象歌
 ······ 259
(二)分宫卦象次序歌
 ······ 259
(三)上下经卦名次序歌
 ······ 261

附录二

(一)河图 ······ 262
(二)洛书 ······ 262
(三)伏羲八卦次序
 ······ 264
(四)伏羲八卦方位
 ······ 265
(五)伏羲六十四卦次序
 ······ 266
(六)伏羲六十四卦次方位图 ······ 267
(七)文王八卦次序
 ······ 268
(八)文王八卦方位
 ······ 268

周易序

宋·朱熹

《易》之为书,卦爻彖象之义备而天地万物之情见。圣人之忧天下来世其至矣。先天下而开其物,後天下而成其务。是故极其数以定天下之象,著其象以定天下之吉凶。六十四卦,三百八十四爻,皆所以顺性命之理,尽变化之道也。散之在理则有万殊,统之在道则无二致。所以易有太极,是生两仪。太二者,道也;两仪者,阴阳也。阴阳一道也,太极无极也。万物之生,负阴而抱阳,莫不有太极,莫不有两仪。絪緼交感,变化不穷。形一受其生,神一发其智。情伪出焉,万绪起焉,易所以定吉凶而生大业。故易者,阴阳之道也。卦者,阴阳之物也;爻者,阴阳之动也。卦虽不同,所同者奇耦;爻虽不同,所同者九六。是以六十四卦为其体,三百八十四爻互为其用,远在六合之外,近在一身之中,暂于瞬息,微于动静,莫不有卦之象焉,莫不有爻之义焉。至哉易乎!其道至大而无不包,其用至神而无不存。时固未始有一,而卦未始有定象。事固未始有穷,而爻亦未始有定位。以一时而索卦,则拘于无变,非易也。以一事而明爻,则窒而不通,非易也。知所谓卦爻彖象之义,而不知有卦爻彖象之用,亦非易也。故得之于精神之运,心术之动,与天地合其德,与日月合其明,与四时合其序,与鬼神合其吉凶,然后可以谓之知易也。虽然,易之有卦,易之已形者也。卦之有爻,卦之已见者也。已形已见者,可以知言,未形未见者,不可以名求。则所谓易者果何如哉!此学者所当知也。

神龟出洛之瑞图·《新锲纂集诸家全书大成断易天机》

上 经

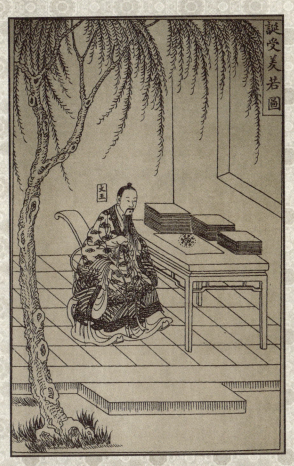

诞受羌若图 清·《钦定书经图说》

伏羲像 宋·马麟

乾卦① 第一

乾下 乾上

● 乾②：元亨，利贞③。
◎ 初九④：潜龙⑤勿用⑥。
◎ 九二：见现⑦龙在田⑧，利见大人⑨。
◎ 九三：君子终日乾乾⑩，夕⑪惕⑫若⑬厉⑭，无咎⑮。

注释： ①《乾》卦：象征天纯阳至健的性质。②乾：卦名，以下各卦同。《易经》六十四卦，每卦都有自己的符号和名称。③元亨：大为亨通。**利贞：** 以贞而利。贞在此讲成纯正。卦名後的这四个字，称为卦辞。④初九：这是爻题，即爻的名称。《易经》用"九"表示阳爻—，用"六"表示阴爻--。爻由下往上，依次为初、二、三、四、五、上。这里第一爻是阳爻，所以叫初九，如果是阴爻，就叫初六，其馀类推。⑤潜龙：潜伏的龙。⑥勿用：不要有所作为。⑦见：通现。⑧田：田野。《易经》中其馀的田字都指打猎。⑨大人：尊者。⑩乾乾：不停地奋斗。⑪夕：晚上。⑫惕：警惕。⑬若：好像。⑭厉：危险。⑮无咎：没有坏处。

读经诵典　受益匪浅

◎九四：或跃在渊，无咎。
◎九五：飞龙在天，利见大人。
◎上九：亢①龙有悔。
◎用九②：见群龙，无首③，吉。

★《彖》④曰：大哉乾元⑤！万物资⑥始，乃统天。云行雨施，品物流形⑦。大明终始⑧，六位⑨时成，时乘六龙⑩以御天⑪。乾道变化，各正性命⑫，保合大（太）和⑭，乃利贞。首出庶物⑮，万国咸⑯宁。

▲《象》⑰曰：天行健⑱，君子以自强不息。

注释：①亢：极高。②用九：指总六爻纯九之义。③无首：没有领头的。④彖：判断。上面的卦辞和爻辞为经文；《彖》是《易传》的组成部分，用来解释卦辞。⑤乾元：阳气的本原。⑥资：依靠，依赖。⑦品物：使物成品类。流形：变化成形体。⑧大明终始：太阳升起又降落。⑨六位：六个爻位。⑩六龙：六条巨龙，暗指乾卦的六个阳爻。⑪御天：控制或顺应自然。⑫性命：属性和寿命。⑬保合：保持和融合。⑭太和：极端和谐。⑮庶物：众物。⑯咸：都。⑰《象》也是《易传》的组成部分，用从卦象对整个卦义进行概括。总论一卦之象的叫《大象》，分论一爻之象的叫《小象》。⑱天行健：组成乾卦的两个三画卦都象征天，是双倍的健，所以说天行健。

读经诵典　受益匪浅

"潜龙勿用",阳在下也①。"见龙在田",德施普也。"终日乾乾",反復道也。"或跃在渊",进无咎也。"飞龙在天",大人造②也。"亢龙有悔",盈③不可久也。"用九",天德④不可为首也。

◎《文言》⑤曰:元者,善之长⑥也;亨者,嘉之会⑦也;利者,义之和也;贞者,事之干⑧也。君子体仁⑨足以长人⑩,嘉会⑪足以合礼,利物足以和义⑫,贞固⑬足以干事。君子行此四德者,故曰:"乾:元亨利贞。"

乾卦第一

注释: ①从这一句到"天德不可为首也",是从爻象对爻辞进行解释,是为《小象》。②造:达到,作为。③盈:满盈,过头。④天德:指乾的属性。⑤《文言》:是《易传》的组成部分。六十四卦中只有乾、坤二卦有《文言》,因为乾、坤二卦是六十四卦的基础。⑥长:首长。⑦会:集中。⑧干:主干,根本。⑨体仁:以仁为体。⑩长人:做人尊长。⑪嘉会:美好集中。⑫和义:与义相合。⑬贞固:纯正坚定。

读经诵典　受益匪浅

◎ 初九曰"潜龙勿用",何谓也?

子①曰:"龙德②而隐③者也。不易乎世④,不成乎名。遁世⑤无闷,不见是⑥而无闷。乐则行之,忧则违之。确乎其不可拔⑦,潜龙也。

九二曰"见龙在田,利见大人",何谓也?

子曰:"龙德而正中⑧者也。庸言⑨之信,庸行⑩之谨。闲⑪邪存其诚,善世⑫而不伐⑬,德博而化⑭。《易》曰:'见龙在田,利见大人。'君德也。"

注释: ①**子**:一般认为指孔子。②**龙德**:即乾德,指刚强的素质。③**隐**:离开政治舞台。④**易乎世**:随世而变。⑤**遁世**:逃避人世。⑥**是**:肯定。见是就是被肯定。⑦**拔**:改变意志。⑧**正中**:端正不偏。因为九二居于下乾三个阳爻的中间,故有此说。⑨**庸言**:平常之语。⑩**庸行**:平常的行为。⑪**闲**:这里解作防范。⑫**善世**:贡献社会。⑬**伐**:夸耀。⑭**德博而化**:道德广博而教化天下。

九三曰"君子终日乾乾,夕惕若,厉无咎",何谓也?

子曰:"君子进德修业①。忠信,所以进德也。修辞②立其诚,所以居业③也。知至至之④,可与言几⑤也;知终终之⑥,可与存义⑦也。是故,居上位而不骄,在下位而不忧。故乾乾因其时而惕,虽危而无咎矣。"

九四曰"或跃在渊,无咎",何谓也?

子曰:"上下无常,非为邪⑧也;进退无恒,非离群也。君子

注释:①**进德修业**:增进道德,修持功业。②**修辞**:修饰言语。③**居业**:保住事业。④**知至至之**:明白应该达到就力求达到。⑤**几**:几微,微妙。⑥**知终终之**:意思是该了则了。⑦**存义**:坚持原则。⑧**为邪**:出于邪念。

进德修业,欲及时也,故无咎。"

九五曰"飞龙在天,利见大人",何谓也?

子曰:"同声相应①,同气相求②。水流湿,火就燥。云从龙,风从虎。圣人作而万物睹③。本乎天④者亲上,本乎地者亲下,则各从其类也。"

上九曰"亢龙有悔",何谓也?

子曰:"贵而无位⑤,高而无民,贤人⑥在下位而无辅,是以动而有悔也。"

◎"潜龙勿用",下⑦也;"见(现)龙在

注释: ①相应:互相应和。②相求:互相求合。③圣人作而万物睹:圣人有所作为而万众瞻仰。物,指人。④本乎天:以天为本。⑤贵而无位:贵,指上九位为卦的最上方;无位,没有地位,《周易》以第五个爻位为至尊之位。⑥贤人:指与上九相应的九三。⑦下:地位低下。

田",时舍①也。"终日乾乾",行事②也;"或跃在渊",自试③也;"飞龙在天",上治④也;"亢龙有悔",穷之灾也;"乾元用九",天下治也。

◎潜龙勿用,阳气潜藏;见龙在田,天下文明⑤;终日乾乾,与时偕行;或跃在渊,乾道乃革⑥;飞龙在天,乃位乎天德⑦;亢龙有悔,与时偕极;乾元用九,乃见天则。

◎《乾》元⑧者,始而亨者也;利贞者,性情⑨也。乾始能以美利利天下,不言所利,大矣哉!大哉乾乎!刚健、中正、纯粹,精⑩也;

乾卦第一

注释:①时舍:暂时居留。②行事:实践。③自试:自测身手。④上治:居上而治。⑤文明:文采辉煌。⑥革:变革。⑦天德:自然规律。⑧《乾》元:指《乾》卦辞中所说的元。⑨性情:本性与实情。⑩精:纯粹而不混杂。

六爻發挥①,旁通情②也;时乘六龙,以御天③也;云行雨施,天下平也。

君子以成德④为行,日可见之行也。潜之为言也,隐而未见,行而未成。是以君子弗用也。

君子学以聚⑤之,问以辩之,宽以居⑥之,仁以行之。《易》曰:"见龙在田,利见大人。"君德也。

九三,重刚⑦而不中,上不在天,下不在田,故乾乾因其时而惕,虽危无咎矣。

九四,重⑧刚而不中⑨,上不在天,下不在田,中不在人,故或⑩

注释:①發挥:变化、运动。②旁通情:广泛贯通物情。③御天:控制或顺应自然。④成德:完善道德。⑤聚:积累。⑥居:容纳。⑦重刚:刚上加刚。因为九三以阳爻居于阳位(奇数位),所以说"重刚"。⑧这个"重"字应为衍文。⑨刚而不中:指九四以阳爻居于阴位,而不是上卦的正中。⑩或:即九四爻辞中的"或跃在渊",指拿不准。

之。或之者，疑之也，故无咎。

夫大人者，与天地合其德，与日月合其明，与四时①合其序，与鬼神合其吉凶。先天而天弗②违，后天而奉天时。天且弗违，而况于人乎？况于鬼神乎？

亢之为言也，知进而不知退，知存而不知亡，知得而不知丧。其唯圣人乎？知进退存亡而不失其正者，其唯圣人乎？

注释：①四时：春、夏、秋、冬。②弗：不。

马 图　明·《来注易经图解》

读经诵典　受益匪浅

坤卦①第二

坤下　坤上

● 坤：元亨，利牝马②之贞。君子有攸③往，先迷后得主，利④。西南得朋，东北丧朋。安贞，吉。

★《彖》曰：至哉坤元⑤！万物资生，乃顺承天。坤厚载物⑥，德合无疆。含弘⑦光大，品物⑧咸亨⑨。"牝马"地类⑩，行地无疆，柔顺利贞。

注释：①《坤》卦：象征宇宙纯阴至顺的性质。②牝马：母马。③攸：所。④得主：获得主宰。⑤坤元：坤的本元。⑥坤厚载物：地体厚实，承载万物。⑦含弘：蕴含弘大。⑧品物：各种事物。⑨咸亨：全部顺利。⑩地类：与地的属性相同的品类。

君子攸行,先迷失道,後顺得常。"西南得朋",乃与类行;"东北丧朋",乃终有庆。安贞之吉,应地无疆。

▲《象》曰:地势坤,君子以厚德①载物。

◎初六:"履霜"、"坚冰"至。

▲《象》曰:"履霜"、"坚冰"②,阴始凝也;驯致③其道,至坚冰也。

◎六二:直、方、大④,不习⑤无不利。

▲《象》曰:六二之动,直以⑥方也;"不习无不利",地道光也。

◎六三:含章可贞⑦。或从王事,无成⑧有终。

注释:①厚德:使品德厚实。②坚冰:可能是衍文。③驯致:和顺地实现。④直、方、大:正直、端方、弘大。这是指坤的品德。⑤习:习惯,熟悉。⑥以:而且。⑦含章可贞:含藏才华,守持正道。⑧无成:没有成就。实际上是有成不告。

读经诵典　受益匪浅

▲《象》曰:"含章可贞",以时发也;"或从王事",知[智]①光大也。

◎六四:括囊②,无咎无誉③。

▲《象》曰:"括囊""无咎",慎不害也。

◎六五:黄裳④,元吉。

▲《象》曰:"黄裳"、"元吉",文⑤在中也。

◎上六:龙战于野,其血玄⑥黄。

▲《象》曰:"龙战于野",其道穷也。

◎用六:利永贞。

▲《象》曰:用六"永贞",以大终也。

《文言》曰:坤至柔而动也刚,至静而德方⑦,後得主而有常⑧,含

注释:①知:通智,智慧。②括囊:喻缄口不言,隐居不出。括即结扎,囊即口袋。③无咎无誉:既没有灾殃也没有声誉。④黄裳:黄色裙裤。按五行说,数字五与黄色相对应。⑤文:文采,暗寓美好品德。⑥玄:黑色。⑦方:稳重、方正。⑧有常:有规律。

万物而化光①。坤道其顺乎!承天而时行。

积善之家,必有馀庆;积不善之家,必有馀殃。臣弑其君,子弑②其父,非一朝一夕之故,其所由来者渐矣,由辩之不早辩也。《易》曰"履霜,坚冰至",盖③言顺④也⑤。

直,其正也;方,其义也。君子敬以直内⑥,义以方外⑦,敬义立而德不孤⑧。直、方、大,不习无不利,则不疑其所行也。

阴虽有美,含之以从王事,

注释:①化光:变化光大。②弑:下杀上。③盖:大概。④顺:通慎,谨慎。⑤从此段开始至结束,分别解释各爻爻辞。⑥直内:使内心正直。⑦方外:规范外部行为。⑧孤:孤陋。

弗敢成也。地道也，妻道也，臣道也。地道无成而代①有终②也。

天地变化，草木蕃③；天地闭，贤人隐。《易》曰"括囊，无咎无誉"，盖④言谨也。

君子黄中通理⑤，正位居体⑥，美在其中，而畅于四支肢⑦，发于事业，美之至也。

阴疑于阳⑧，必战。为其嫌⑨于无阳也，故称龙焉。犹未离其类也，故称血焉。夫玄黄者，天地之杂也。天玄而地黄。

注释：①代：代替。②有终：取得结果。③蕃：茂盛。④盖：大概。⑤黄中：像"黄裳"一般色调中和。通理：通情达理。⑥正位居体：在合适位置上安身。⑦四支：同四肢。⑧疑于：拟于，指阴阳势均力敌。⑨嫌：误以为。

读经诵典　受益匪浅

屯卦① 第三

☷☳ 震下　坎上

● 屯：元亨，利贞。勿用有攸往②，利建侯③。

★《彖》曰：屯，刚柔始交④而难生，动乎险中⑤，大亨贞。雷雨之动满盈，天造草昧⑥。宜建侯而不宁⑦。

▲《象》曰：云雷屯，君子以经纶⑧。

◎ 初九：磐桓⑨。利居贞，利建侯。

注释：①《屯》卦：象征万物在雷雨并作中初生。②攸往：所往。③建侯：建立侯国。④刚柔始交：指阳刚阴柔开始相交。⑤动乎险中：下震为动，上坎为险。⑥草昧：原始的混沌状态。⑦不宁：不安居无所事事。⑧经纶：规划安排。⑨磐桓：即盘桓，指逗留不前。

▲《象》曰：虽"磐(盘)桓"，志行①正也。以贵下贱，大得民也。

◎六二：屯如遭②如③，乘马班④(般)如，匪寇⑤婚媾。女子贞不字⑥，十年乃字。

▲《象》曰：六二之难，乘刚⑦也。"十年乃字"，反常也。

◎六三：即鹿⑧无虞⑨，惟入于林中。君子几⑩不如舍⑪，往吝⑫。

▲《象》曰："即鹿无虞"，以从禽⑬也。君子舍之，"往吝"，穷也。

◎六四：乘马班(般)如。求婚媾，往

注释：①志行：志向与行动。②屯如：困难的样子。如，语末助词。③遭：难于前行。④班：同般，指盘转徘徊，欲进又退。⑤匪寇：不是盗贼。⑥字：许配。⑦乘刚：指六二居于初九之上。⑧即：接近，追逐。⑨虞：虞人，古时掌管山泽之官。此处喻辅助君子的助手。⑩几：通机。⑪舍：放弃。⑫吝：不好。⑬从禽：跟着猎物跑。

吉，无不利。

▲《象》曰：求而往，明①也。

◎九五：屯其膏②，小，贞吉；大，贞凶。

▲《象》曰：屯其膏，施未光③也。

上六：乘马班如，泣血④涟如。

▲《象》曰：泣血涟如，何可长也！

注释：①明：明智。②膏：古人说"坎雨称膏"。③光：广大。④泣血：眼睛哭出血。

五老告河图 明·《程氏墨苑》

蒙卦① 第四

坎下 艮上

● 蒙:亨。匪②我求童蒙③,童蒙求我。初筮④告,再三渎,渎则不告。利贞。

★《彖》曰:蒙,山下有险,险而止,蒙。蒙,亨,以亨行时中⑤也。匪我求童蒙,童蒙求我,志应也。初筮告,以刚中⑥也。再三渎,渎则不告,渎蒙也。蒙以养正⑦,

---

注释:①《蒙》卦:象征万物初生后的蒙稚。②匪:不。③童蒙:指需教育者。④筮:用蓍草求卦,喻求教的诚意。⑤时中:(实践)随时合乎中道。⑥刚中:指九二以阳爻居于下卦之中。⑦养正:培养正大光明的品格。

读经诵典　受益匪浅

圣功也。

▲《象》曰：山下出泉，蒙；君子以果行①育德。

◎初六：發蒙，利用刑[型]②人，用说[脱]桎梏③，以往吝。

▲《象》曰：利用刑[型]人，以正法④也。

◎九二：包蒙，吉；纳妇，吉。子克家⑤。

▲《象》曰：子克家，刚柔节[接]⑥也。

◎六三：勿用取[娶]⑦女；见金夫⑧，不有躬⑨，无攸利。

▲《象》曰：勿用取[娶]女，行不顺也。

注释：①果行：果敢其行。②刑：通型，规范，严格约束。③桎梏：脚镣手铐。④正法：端正法规。⑤子克家：儿子能够持家。⑥刚柔节：九二下为初六，上为六三，所以说刚柔接。⑦取：同娶。⑧金夫：男人，指与六三有正应关系的上九。⑨躬：身体。

读经诵典　受益匪浅

◎六四：困蒙^①，吝。

▲《象》曰：困蒙之吝，独远实^②也。

◎六五：童蒙，吉。

▲《象》曰：童蒙之吉，顺以巽^③也。

◎上九：击蒙^④，不利为寇，利御寇。

▲《象》曰：利用御寇，上下顺也。

注释：①困蒙：陷于蒙昧。②远实：远离实际。③巽：谦逊。④击蒙：用严厉之法管教童蒙。

伏羲像·清人绘

读经诵典　受益匪浅

需卦①第五

乾下　坎上

● 需：有孚②，光亨③，贞吉，利涉大川。

★《彖》曰：需，须也，险在前④也。刚健而不陷⑤，其义不困穷矣。需，有孚，光亨，贞吉。位乎天位⑥以正中也。利涉大川，往有功也。

▲《象》曰：云上于天，需；君子以饮食宴乐。

注释：①《需》卦：象征等待。②孚：诚信。③光亨：大为通顺。④险在前：需卦的上卦是坎水，所以说"险在前"。⑤不陷：不陷于险阻。⑥天位：指第五个爻位。因乾卦九五有"飞龙在天"之语，所以这个爻位被认为最尊贵。

◎初九：需于郊,利用①恒,无咎。

▲《象》曰：需于郊,不犯难行也。利用恒,无咎,未失常也。

◎九二：需于沙②,小有言③,终吉。

▲《象》曰：需于沙,衍④在中也。虽小有言,以终吉也。

◎九三：需于泥⑤,致寇至。

▲《象》曰：需于泥,灾在外也。自我致寇,敬慎⑥不败也。

◎六四：需于血洫⑦,出自穴⑧。

▲《象》曰：需于血洫,顺以听也。

◎九五：需于酒食,贞吉。

▲《象》曰：酒食贞吉,以中正也。

注释：①用：以。②沙：沙滩。③言：议论。④衍：宽绰,指沉得住气。⑤泥：泥泞之地。⑥敬慎：认真谨慎。⑦血：通洫,沟洫。⑧穴：坑穴。

读经诵典　受益匪浅

◎ 上六：入于穴，有不速之客三人来，敬之终吉。

▲《象》曰：不速之客来，敬之终吉。虽不当位①，未大失也。

注释：① 不当位：按爻位说，阴爻居于阳位（奇数位）或阳爻居于阴位（偶数位）为不当位。但上六是阴爻居阴位，应为当位。《象传》疑为误解。

秋江渔隐图　元·吴镇

需卦第五

讼卦① 第六

坎下 乾上

● 讼：有孚②，窒③惕，中吉。终凶。利见大人，不利涉大川。

★《彖》曰：讼，上刚下险④，险而健，讼。讼，有孚，窒惕，中吉，刚来而得中也。终凶，讼不可成也。利见大人，尚中正也。不利涉大川，入于渊也。

▲《象》曰：天与水违行⑤，讼；君

注释：①《讼》卦：象征争论。②孚：实，指事实根据。③窒：阻塞。④上刚下险：上乾为刚，下坎为险。⑤天与水违行：天指上乾，水指下坎。古人认为天向西转，水向东流，是天与水相违而行。

读经诵典　受益匪浅

子以作事谋始。

◎初六：不永①所事，小有言，终吉。

▲《象》曰：不永所事，讼不可长也。虽小有言，其辩明也。

◎九二：不克讼，归而逋②，其邑人三百户，无眚③。

▲《象》曰：不克讼，归逋窜也。自下讼上，患至掇④也。

◎六三：食旧德⑤，贞厉⑥，终吉。或从王事，无成。

▲《象》曰：食旧德，从上⑦吉也。

◎九四：不克讼⑧，復⑨即⑩命渝⑪，安贞，吉。

注释：①永：长。②逋：逃走。③眚：过失，灾祸。④掇：拾取，此处指容易得到患害。⑤食旧德：吃老本，指享受旧有俸禄。⑥贞厉：正确但危险。⑦从上：跟随君上，因为六三的上面是乾卦。⑧不克讼：争讼失败。⑨復：转回去。⑩即：就。⑪渝：改变习性。

讼卦第六

27

读经诵典　受益匪浅

▲《象》曰：復即命渝，安贞，不失也。

◎九五：讼元吉。

▲《象》曰：讼元吉，以中正也。

◎上九：或锡①之鞶带，终朝三褫②之。

▲《象》曰：以讼受服，亦不足敬也。

注释：①锡：赐予。②褫：剥夺。

孔子圣蹟图之韦编三绝

伏 羲 像

师卦①第七

☰ ䷆ 坎下 坤上

● 师：贞，丈人②吉，无咎。

★《彖》曰：师，众也；贞，正也，能以众正，可以王矣。刚中③而应，行险而顺④，以此毒⑤天下，而民从之，吉又何咎矣！

▲《象》曰：地中有水，师；君子以容民畜众。

注释：①《师》卦：讲战争理论。②丈人：老成持重者。③刚中：指九二，因为其位于下卦的中间。④行险而顺：下坎为险，上坤为顺。⑤毒：通督，治理。

◎初六：师出以律，否臧①，凶。

▲《象》曰：师出以律，失律凶也。

◎九二：在师中吉，无咎，王三锡命②。

▲《象》曰：在师中吉，承天宠也；王三锡命，怀万邦③也。

◎六三：师或舆尸④，凶。

▲《象》曰：师或舆尸，大无功也。

◎六四：师左次⑤，无咎。

▲《象》曰：左次无咎，未失常也。

◎六五：田⑥有禽，利执言，无咎。长子⑦帅师，弟子⑧舆尸，贞凶。

▲《象》曰：长子帅师，以中行也；弟子舆尸，使不当也。

注释：①否臧：不好。②锡命：發布奖赏的命令。③怀万邦：使天下归顺。④舆尸：用车运载尸体。⑤左次：後退驻扎。⑥田：打猎。⑦长子：指九二。⑧弟子：指六三，喻平庸之辈。

读经诵典　受益匪浅

◎ 上六：大君有命，开国承家，小人勿用。

▲《象》曰：大君有命，以正功也。小人勿用，必乱邦也。

汤武征伐·《绘图二十四史通俗演义》

读经诵典　受益匪浅

比卦①第八

坤下　坎上

● 比：吉。原筮②，元永贞，无咎。不宁方③来，後夫④凶。

★ 《彖》曰：比，吉也；比，辅也，下顺从⑤也。原筮，元永贞，无咎，以刚中也。不宁方来，上下应⑥也。後夫凶，其道穷也。

▲ 《象》曰：地上有水，比；先王以建万国，亲诸侯。

注释：①《比》卦：象征亲近。②原筮：再三占筮。③方：方国，商、周时代对少数部落的称呼。④後夫：後来者，指上六。⑤下顺从：本卦九五以下均为阴爻，故说下顺从。⑥上下应：指上卦九五与下卦六二相照应。

33

◎初六：有孚①比之，无咎。有孚盈缶②，终来有它吉。

▲《象》曰：比之初六，有它吉也。

◎六二：比之自内③，贞吉。

▲《象》曰：比之自内，不自失也。

◎六三：比之匪人④。

▲《象》曰：比之匪人，不亦伤乎！

◎六四：外比⑤之，贞吉。

▲《象》曰：外比于贤，以从上也。

◎九五：显比⑥，王用三驱⑦，失前禽；邑人不诫⑧，吉。

▲《象》曰：显比之吉，位正中也。舍逆取顺⑨，失前禽也。邑人不

注释：①孚：诚心。②缶：瓦罐子。③内：内在要求。④匪人：非其人。
⑤外比：向外亲近。六四与初六敌应，只好转向外卦，亲近九五。
⑥显比：明显地亲近。⑦三驱：不合围，网开一面。⑧诫：诫告。
⑨舍逆取顺：指顺应自然法则。

诫,上使中也。

◎上六：比之无首,凶。

▲《象》曰：比之无首①,无所终也。

注释：①无首：没有带头的。

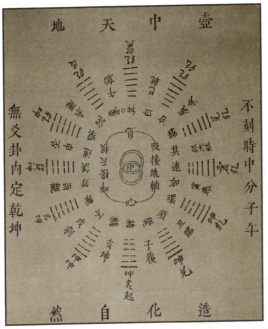

壶中天地 造化自然图 明·曹士珩

读经诵典　受益匪浅

小畜卦① 第九

☰ 乾下　巽上

● 小畜：亨。密云不雨，自我西郊。

★《彖》曰：小畜，柔得位而上下应之，曰小畜。健而巽②，刚中③而志行，乃亨。密云不雨，尚往也。自我西郊，施④未行也。

▲《象》曰：风行天上，小畜；君子以懿⑤文德⑥。

◎ 初九：复自道⑦，何其咎？吉。

注释：①《小畜》卦：象征阴柔力量的聚集。②健而巽：本卦下卦为乾，上卦为巽，故说"健而巽"。③刚中：指九二，位于下乾的中间。④施：化育。⑤懿：增美。⑥文德：温文的气质。⑦复自道：反复其道。

▲《象》曰：復自道，其义吉也。

◎九二：牵復①，吉。

▲《象》曰：牵復在中，亦不自失也。

◎九三：舆说脱辐輹②，夫妻反目。

▲《象》曰：夫妻反目，不能正室③也。

◎六四：有孚，血去惕出④，无咎。

▲《象》曰：有孚惕出，上合志⑤也。

◎九五：有孚挛如⑥，富以其邻。

▲《象》曰：有孚挛如，不独富也。

◎上九：既雨既处⑦，尚德载；妇贞厉⑨，月几望；君子征凶。

▲《象》曰：既雨既处，德积载也。君子征凶，有所疑也。

注释：①牵復：牵连而復。②说：通脱。辐：即輹。舆下方木，亦称钩心木，也叫"伏菟"。③正室：端正家庭关系。④惕出：惊惧排除。⑤合志：同心。⑥挛如：连绵不绝。如，语末助词。⑦处：停止。⑧妇：指阴柔的力量。⑨贞厉：守正防危。

周公旦 像

读经诵典　受益匪浅

履卦①第十

兑下　乾上

● 履：履虎尾，不咥②人，亨。

★《彖》曰：履，柔履刚也。说③(悦)而应乎乾，是以履虎尾，不咥人，亨。刚中正④，履帝位⑤而不疚，光明也。

▲《象》曰：上天下泽，履；君子以辨上下，定民志。

◎ 初九：素履⑥往，无咎。

注释：①《履》卦：象征行为的合礼。②咥：咬。③说：通悦，指下兑。④刚中正：指九五以阳爻居阳位，且位于上乾的中间。⑤帝位：上乾的中爻被认为是"帝位"。⑥素履：照平常那样走。

读经诵典　受益匪浅

▲《象》曰：素履之往，独行愿也。

◎九二：履道坦坦，幽人①贞吉。

▲《象》曰：幽人贞吉，中②不自乱也。

◎六三：眇③能视，跛能履，履虎尾，咥人，凶。武人为于大君。

▲《象》曰：眇能视，不足以有明也；跛能履，不足以与行也。咥人之凶，位不当也。武人为于大君，志刚也。

◎九四：履虎尾，愬愬④终吉。

▲《象》曰：愬愬终吉，志行也。

◎九五：夬⑤履，贞厉。

注释：①幽人：无名利心者。②中：指心。③眇：瞎了一只眼。④愬愬：小心谨慎。⑤夬：果决。

读经诵典 受益匪浅

▲《象》曰：夬履贞厉，位正当也。

◎上九：视履考祥①，其旋，元吉。

▲《象》曰：元吉在上，大有庆也。

注释：①考祥：研究是否吉利。

履虎尾图　明·曹士珩

读经诵典　受益匪浅

泰卦^①第十一

☰☷ 乾下　坤上

● 泰：小往大来，吉亨。

★《彖》曰：泰，小往大来，吉亨。则是天地交，而万物通也，上下交而其志同也。内阳而外阴，内健而外顺^②，内君子而外小人，君子道长，小人道消也。

▲《象》曰：天地交，泰；后以财成^③天地之道，辅相^④天地之宜，

注释：①《泰》卦：象征自然、社会的和顺美好。②内健而外顺：上坤为顺，下乾为健。③财成：财通裁，即裁成，调节。④辅相：辅佐帮助。

读经诵典　受益匪浅

以左右①民。

◎初九：拔茅茹②，以其汇③，征④吉。

▲《象》曰：拔茅征吉，志在外也。

◎九二：包荒⑤，用冯⑥河，不遐遗。朋亡无⑦，得尚于中行。

▲《象》曰：包荒，得尚于中行，以光大也。

◎九三：无平不陂，无往不復。艰贞⑧无咎。勿恤⑨其孚，于食有福。

▲《象》曰：无往不復，天地际⑩也。

◎六四：翩翩⑪，不富⑫以其邻，不戒以孚⑬。

注释：①左右：同佐佑，保佑。②茹：根系牵连貌。③汇：同类会聚，指九二、九三。④征：进發。⑤包荒：包容宽广。⑥冯：涉越。⑦朋亡：没有朋党。亡，通无。⑧艰贞：艰难守正。⑨恤：担心。⑩天地际：泰卦下乾上坤，九三正在上下卦的交接处，所以说"天地际"。⑪翩翩：鸟飞翔样。⑫不富：《易经》以阴为不富。六四、六五、上六均为阴爻，所以说"不富以其邻"。⑬不戒以孚：不相互有戒心是因为有诚信。

泰卦第十一

43

读经诵典　受益匪浅

▲《象》曰：翩翩不富，皆失实①也。不戒以孚，中心愿也。

◎六五：帝乙②归妹③，以祉元吉。

▲《象》曰：以祉元吉，中以行愿也。

◎上六：城復④于隍⑤，勿用师。自邑抱⑥告命，贞吝。

▲《象》曰：城復于隍，其命乱也。

注释：①失实：虚心。阴爻中间缺断，所以说"不实"。②帝乙：商纣王之父。③归妹：嫁女。④復：同覆。⑤隍：干涸的城沟。⑥邑：通抱，减损。

文王爱莲图·杨柳青年画

否卦第十二

☰☷ 坤下 乾上

● 否：否之匪人，不利君子贞，大往小来。

★《彖》曰：否之匪人，不利君子贞，大往小来，则是天地不交而万物不通也。上下不交，而天下无邦也。内阴而外阳，内柔而外刚，内小人而外君子。小人道长，君子道消也。

注释：①《否》卦：象征阴阳隔绝，天地闭塞。②否：不通泰，不顺利。③匪人：非其人。④大往小来：指上乾往下，下坤往上。

读经诵典　受益匪浅

▲《象》曰：天地不交，否；君子以俭德辟避①难，不可荣以禄。

◎初六：拔茅茹，以其汇，贞吉，亨。

▲《象》曰：拔茅贞吉，志在君也。

◎六二：包承②，小人吉，大人否亨。

▲《象》曰：大人否亨，不乱群③也。

◎六三：包羞④。

▲《象》曰：包羞，位不当也。

◎九四：有命无咎，畴⑤离祉⑥。

▲《象》曰：有命无咎，志行也。

◎九五：休⑦否，大人吉。其亡其亡，系于苞桑。

注释：①辟：通避。②包承：被包容而拍马逢迎。③乱群：搞乱群体，指大人与小人混为一体。④包羞：被包容而为非，故可耻。⑤畴：同俦，同类。⑥离祉：受福。离，依附；祉，福。⑦休：停止。

读经诵典　受益匪浅

▲《象》曰：大人之吉，位正当也。

◎上九：倾①否，先否后喜。

▲《象》曰：否终则倾，何可长也？

注释：①倾：倾覆。

聘庞图　明·倪端

否卦第十二

读经诵典　受益匪浅

同人卦① 第十三

离下　乾上

● 同人：同人于野，亨。利涉大川，利君子贞。

★ 《彖》曰：同人，柔得位得中②而应乎乾，曰同人。同人曰："同人于野，亨，利涉大川。"乾行也。文明以健③，中正而应④，君子正也。唯君子为能通天下之志。

注释：①《同人》卦：象征团结。②柔得位得中：指六二以阴爻居阴位，且位于下离的中间。③文明以健：文明指下离，健指上乾。④中正而应：指六二和九五分居上下卦的中间，且阴爻居阴位，阳爻居阳位，彼此阴阳正应。

读经诵典 受益匪浅

▲《象》曰:天与火,同人;君子以类族辨物。

◎初九:同人于门①,无咎。

▲《象》曰:出门同人,又谁咎也?

◎六二:同人于宗,吝。

▲《象》曰:同人于宗②,吝道也。

◎九三:伏戎③于莽④,升其高陵,三岁不兴。

▲《象》曰:伏戎于莽,敌刚⑤也。三岁不兴,安行也?

◎九四:乘其墉⑥,弗克攻,吉。

▲《象》曰:乘其墉,义弗克也。其吉,则困而反则也。

注释:①门:出门。②宗:宗族。③戎:部队。④莽:草莽。⑤敌刚:与刚为敌。刚,指上乾。⑥墉:城墙。

◎九五：同人，先号咷①而後笑。大师②克相遇。

▲《象》曰：同人之先，以中直也。大师相遇，言相克也。

◎上九：同人于郊，无悔。

▲《象》曰：同人于郊，志未得也。

注释：①号咷：嚎啕大哭。②大师：强大的部队。

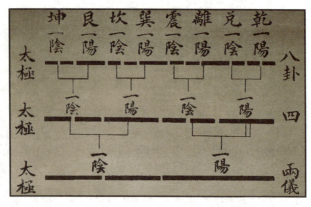

一阴一阳谓道图　明·《来注易经图解》

大有卦① 第十四

☰ 乾下 离上

● 大有：元亨。

★《彖》曰：大有，柔得尊位②，大中而上下应之，曰大有。其德刚健而文明③，应乎天而时行，是以元亨。

▲《象》曰：火在天上，大有；君子以遏恶扬善，顺天休命④。

注释：①《大有》卦：象征盛大富有，大为顺利。②柔得尊位：指本卦第五个爻位为阴。③刚健而文明：刚健指下乾，文明指上离。④休命：使生命美好。

◎初九：无交害①，匪咎，艰则无咎。

▲《象》曰：大有初九，无交害也。

◎九二：大车以载，有攸往，无咎。

▲《象》曰：大车以载，积中不败也。

◎九三：公用亨②于天子，小人弗克③。

▲《象》曰：公用亨于天子，小人害也。

◎九四：匪其彭④，无咎。

▲《象》曰：匪其彭，无咎，明辨晢也。

注释：①无交害：没有交相侵害。因为初九与九四没有正应关系。②用亨：朝献，进贡。亨，通享。③弗克：做不到。④匪其彭：不过盛。彭，通膨，茂盛的样子。

读经诵典　受益匪浅

◎六五：厥^①孚交如^②，威如^③，吉。

▲《象》曰：厥孚交如，信以發志也。威如之吉，易而无备也。

◎上九：自天佑之，吉无不利。

▲《象》曰：大有上吉，自天佑也。

注释：①厥：他的。②交如：交接上下。③威如：威严自显。

大有卦第十四

灵阳十景图(之二)　　明·夏 芷

读经诵典　受益匪浅

谦卦①第十五

☷☶ 艮下　坤上

● 谦：亨，君子有终。

★《彖》曰：谦，亨，天道下济而光明，地道卑而上行。天道亏盈而益谦，地道变盈而流谦，鬼神害盈而福谦，人道恶盈而好谦。谦尊而光，卑而不可逾，君子之终也。

▲《象》曰：地中有山②，谦；君子

注释：①《谦》卦：象征谦逊。②地中有山：上坤为地，下艮为山。

以裒多益寡①,称物平施。

◎初六:谦谦君子,用②涉大川,吉。

▲《象》曰:谦谦君子,卑以自牧也。

◎六二:鸣谦③,贞吉。

▲《象》曰:鸣谦贞吉,中心得也。

◎九三:劳谦④君子,有终吉。

▲《象》曰:劳谦君子,万民服也。

◎六四:无不利,撝⑤谦。

▲《象》曰:无不利,撝谦,不违则也。

◎六五:不富以其邻,利用侵伐,无不利。

注释:①裒多益寡:取多而补不足。裒,取。②用:凭着(谦退)。③鸣谦:宣扬谦让。④劳谦:勤劳谦虚。九三位居下卦,五阴倚之,是有功不居之像,所以说"劳谦"。⑤撝:通挥,發揮。

▲《象》曰：利用侵伐，征不服也。

◎上六：鸣谦，利用行师①征邑国。

▲《象》曰：鸣谦，志未得也。可用行师，征邑国也。

注释：①行师：出兵。

全体心天图　明·《来注易经图解》

读经诵典　受益匪浅

豫卦① 第十六

坤下　震上

● 豫：利建侯、行师。

★《彖》曰：豫，刚应②而志行③，顺以动④，豫。豫，顺以动，故天地如之，而况建侯行师乎？天地以顺动，故日月不过⑤而四时不忒⑥；圣人以顺动，则刑罚清而民服。豫之时义大矣哉！

▲《象》曰：雷出地奋，豫；先王

注释：①《豫》卦：象征自在安乐。②刚应：指九四与初六应。③志行：志趣实现。④顺以动：顺物性而动。下坤为顺，上震为动。⑤过：运行过头。⑥忒：差错。

读经诵典　受益匪浅

以作乐崇德,殷①荐之上帝,以配祖考。

◎初六:鸣豫②,凶。

▲《象》曰:初六鸣豫,志穷凶也。

◎六二:介于石③,不终日,贞吉。

▲《象》曰:不终日,贞吉,以中正也。

◎六三:盱④豫,悔;迟有悔。

▲《象》曰:盱豫有悔,位不当⑤也。

◎九四:由豫,大有得。勿疑,朋盍簪⑥。

▲《象》曰:由豫,大有得,志大行也。

注释:①殷:隆重。②鸣豫:宣扬快乐。③介于石:硬如石。介,耿介,有骨气。④盱:张开眼睛,指观颜察色(上面的九四象征权贵)。⑤位不当:指阴爻六居于阳位三。⑥盍簪:收束簪子(指朋友像头发一般多,齐聚集在身边)。

◎ 六五：贞疾①，恒不死。

▲《象》曰：六五贞疾，乘刚也。恒不死，中未亡也。

◎ 上六：冥豫②，成有渝，无咎。

▲《象》曰：冥豫在上，何可长也？

注释：①贞疾：以正致病。②冥豫：暗中作乐。

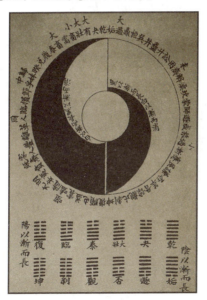

伏羲卦　明·《来注易经图解》

读经诵典　受益匪浅

随卦① 第十七

震下　兑上

● 随：元亨，利贞，无咎。

★《彖》曰：随，刚来而下柔，动而说(悦)②，随。大亨贞，无咎，而天下随时。随时之义大矣哉！

▲《象》曰：泽中有雷，随；君子以向晦③入宴息④。

◎ 初九：官有渝⑤，贞吉。出门交有功。

注释：①《随》卦：象征随从向善。②说：通悦。③向晦：入夜。④宴息：休息。⑤渝：变化。

▲《象》曰:官有渝,从正吉也。出门交有功,不失也。

◎六二:系小子,失丈夫。

▲《象》曰:系小子,弗兼与①也。

◎六三:系丈夫,失小子。随有求得,利居贞。

▲《象》曰:系丈夫,志舍下②也。

◎九四:随有获,贞凶。有孚在道,以明,何咎?

▲《象》曰:随有获,其义凶也。有孚在道,明功也。

◎九五:孚于嘉③,吉。

▲《象》曰:孚于嘉,吉,位正中也。

注释:①兼与:兼有亲朋好友。②舍下:放弃下面。③孚于嘉:施诚信于美。

◎ 上六：拘系①之，乃从，维之。王用亨②于西山。

▲《象》曰：拘系之，上穷也。

注释：①拘系：抓住捆起来。②用亨：设祭。亨，通享。

观瀑图 明·汪肇

读经诵典　受益匪浅

蛊卦① 第十八

☰ 巽下　艮上

● 蛊：元亨，利涉大川。先甲三日②，後甲三日。

★《彖》曰：蛊，刚上而柔下③，巽而止，蛊。蛊，元亨而天下治也。利涉大川，往有事也。先甲三日，後甲三日，终则有始，天行也。

▲《象》曰：山下有风，蛊；君子以振民育德。

注释：①《蛊》卦：象征积弊日久，必须整治弊乱。蛊，本义为小虫。②先甲三日：在甲日之前三天。③刚上而柔下：刚，指上艮；柔，指下巽。

◎初六：干父之蛊①，有子，考②无咎，厉终吉。

▲《象》曰：干父之蛊，意③承考也。

◎九二：干母之蛊，不可贞。

▲《象》曰：干母之蛊，得中道也。

◎九三：干父之蛊，小有悔④，无大咎。

▲《象》曰：干父之蛊，终无咎也。

◎六四：裕⑤父之蛊，往见吝。

▲《象》曰：裕父之蛊，往⑥未得也。

◎六五：干父之蛊，用誉⑦。

▲《象》曰：干父之蛊，承以德也。

◎上九：不事王侯，高尚其事。

▲《象》曰：不事王侯，志可则⑧也。

注释：①干父之蛊：干，做，办理。蛊，事。谓儿子能匡正父之弊乱。②考：父亲。③意：目的。④悔：失误。⑤裕：宽缓。⑥往：往後。⑦用誉：受到称赞。⑧志可则：志向值得效法。

读经诵典　受益匪浅

临卦①第十九

兑下　坤上

● 临：元亨，利贞。至于八月有凶。

★《彖》曰：临，刚浸而长②。说(悦)而顺③，刚中而应④，大亨以正，天之道也。至于八月有凶，消不久也。

▲《象》曰：泽上有地，临。君子以教思无穷，容保民无疆。

○ 初九：咸临⑤，贞吉。

▲《象》曰：咸临，贞吉，志行正也。

注释：①【临】卦：象征君王统治人民。②刚浸而长：指初九和九二两阳爻逐步上长。③说而顺：上兑为悦，上坤为顺。说，通悦。④刚中而应：指九二和六五有正应关系，比喻阴阳合德。⑤咸临：感化式管理。咸，感化，感知。

◎九二：咸临，吉，无不利。

▲《象》曰：咸临，吉，无不利，未顺命也。

◎六三：甘临①，无攸利。既忧之，无咎。

▲《象》曰：甘临，位不当也。既忧之，咎不长也。

◎六四：至临②，无咎。

▲《象》曰：至临无咎，位当③也。

◎六五：知④临，大君之宜，吉。

▲《象》曰：大君之宜，行中之谓也。

◎上六：敦临⑤，吉，无咎。

▲《象》曰：敦临之吉，志在内也。

注释：①甘临：甜言蜜语式管理。甘，甜。②至临：亲近式管理。③位当：指六四阴爻居阴位，且与初九正应。④知临：智慧型管理。知，同智。⑤敦临：宽厚式管理。敦，忠厚。

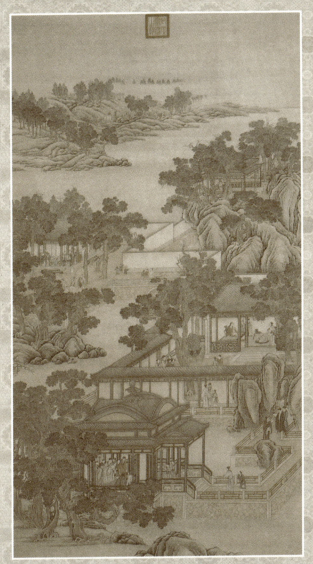

冻池冰嬉图 清·佚名

观卦① 第二十

☰☷ 坤下 巽上

● 观：盥②而不荐③，有孚颙④若。

★《彖》曰：大观⑤在上，顺而巽，中正⑥以观天下。观，盥而不荐，有孚颙若，下观而化也。观天之神道，而四时不忒，圣人以神道设教，而天下服矣。

▲《象》曰：风行地上，观；先王以省方⑦，观民设教。

注释：①《观》卦：象征观仰。②盥：洗手。③荐：献祭。④颙：仰望。⑤大观：指上面两阳爻，比喻天子雄视天下。⑥中正：指九五爻位甚佳。⑦省方：巡视方国。

◎初六：童观，小人无咎，君子吝。

▲《象》曰：初六童观，小人道也。

◎六二：窥观，利女贞。

▲《象》曰：窥观女贞，亦可丑也。

◎六三：观我①生，进退。

▲《象》曰：观我生，进退，未失道也。

◎六四：观国之光，利用②宾于王③。

▲《象》曰：观国之光，尚宾也。

◎九五：观我生，君子无咎。

▲《象》曰：观我生，观民也。

◎上九：观其生，君子无咎。

▲《象》曰：观其生，志未平也。

注释：①我：自己。②利用：有利于。③宾于王：在王那里做客。

噬嗑卦 第二十一

☳☲ 震下 离上

● 噬嗑：亨，利用狱。

★《彖》曰：颐中有物曰噬嗑，噬嗑而亨。刚柔分，动而明，雷电合而章。柔得中而上行，虽不当位，利用狱也。

▲《象》曰：雷电噬嗑，先王以明罚敕法。

◎ 初九：屦校灭趾，无咎。

注释：①**噬嗑**卦：象征治狱。噬是咀嚼，嗑是合嘴。②**雷电合而章**：下震上离合起来很灿烂辉煌。③**柔得中而上行**：指六二居于下震的中间，向上运动而成六五。④**不当位**：指六五阴爻而居阳位。⑤**屦校灭趾**：鞋套刑具遮没脚趾。比喻刑罚很轻。

▲《象》曰：屦校灭趾，不行也。

◎六二：噬肤灭鼻①，无咎。

▲《象》曰：噬肤灭鼻，乘刚②也。

◎六三：噬腊肉③，遇毒；小吝，无咎。

▲《象》曰：遇毒，位不当④也。

◎九四：噬干胏，得金矢，利艰贞吉。

▲《象》曰：利艰贞吉，未光⑤也。

◎六五：噬干肉，得黄金，贞厉，无咎。

▲《象》曰：贞厉，无咎，得当也。

◎上九：何(荷)校灭耳⑥，凶。

▲《象》曰：何(荷)校灭耳，聪不明也。

注释：①噬肤灭鼻：咬啮肌肤伤损鼻子。②乘刚：指六二以阴爻凌驾于阳爻初九之上。③腊肉：谓兽腊，全体骨而为之者，坚韧之物也。④位不当：六三以阴爻居阳位，所以说不当。⑤光：光大。⑥何校灭耳：戴着木枷遮住耳朵。何，通荷；校，枷锁。

读经诵典 受益匪浅

贲卦① 第二十二

离下 艮上

● 贲：亨。小利有攸往。

★《彖》曰：贲，亨；柔来而文刚，故亨。分刚上而文柔，故小利有攸往。刚柔交错，天文也；文明以止②，人文也。观乎天文以察时变，观乎人文以化成天下。

▲《象》曰：山下有火，贲；君子以明庶政③，无敢折狱④。

注释：①《贲》卦：象征文饰。②文明以止：文明指下离，上艮为止。止，止于礼义，各自行为符合名分。③庶政：一般的政事。④折狱：审判案件。

◎初九：贲其趾，舍车而徒。

▲《象》曰：舍车而徒，义①弗乘也。

◎六二：贲其须。

▲《象》曰：贲其须，与上兴②也。

◎九三：贲如，濡如③，永贞吉。

▲《象》曰：永贞之吉，终莫之陵④也。

◎六四：贲如，皤如⑤，白马翰如，匪寇婚媾⑥。

▲《象》曰：六四，当位疑⑦也。匪寇婚媾，终无尤⑧也。

◎六五：贲于丘园，束帛戋戋，吝，

注释：①义：从道理上讲。②与上兴：指六二与九三为文饰。③贲如、濡如：文饰极盛。濡，润泽，用作动词；如，语末助词。④莫之陵：莫陵之。陵，超越。一作陵侮。⑤贲如、皤如：指返朴归真。皤，纯白。⑥匪寇婚媾：不是来抢掠而是来求婚配。⑦位疑：指以上艮为代表的质朴与贲卦的文饰倾向在追求上不一致。⑧尤：过失。

终^{zhōng}吉^{jí}。

▲《象》曰：六五之吉，有喜也。

◎上九：白贲，无咎。

▲《象》曰：白贲无咎，上得志也。

易有太极图　明·《程氏墨苑》

读经诵典　受益匪浅

剥卦① 第二十三

坤下　艮上

● 剥：不利有攸往。

★《彖》曰：剥，剥也，柔变刚也。不利有攸往，小人②长也。顺而止之③，观象也。君子尚消息盈虚，天行也。

▲《象》曰：山附地上，剥；上以厚下，安宅。

◎ 初六：剥床以足，蔑[灭]④，贞凶。

注释：①《剥》卦：象征事物被侵蚀剥落。②小人：指以阴爻为象征的消极势力。③顺而止之：顺是下坤的特性，止是上艮的特性。④蔑：通灭。

▲《象》曰：剥床以足，以灭下也。

◎六二：剥床以辨，蔑灭贞凶。

▲《象》曰：剥床以辨①，未有与②也。

◎六三：剥之，无咎。

▲《象》曰：剥之无咎，失上下③也。

◎六四：剥床以肤④，凶。

▲《象》曰：剥床以肤，切近灾也。

◎六五：贯鱼⑤，以宫人宠，无不利。

▲《象》曰：以宫人宠，终无尤也。

◎上九：硕果不食，君子得舆，小人剥庐。

▲《象》曰：君子得舆，民所载也；小人剥庐，终不可用也。

注释：①辨：通遍，指四周的栏板。一作床身与床足之间的床干。②与：帮助。③上下：指亲近者。④肤：肌肤。此处喻指"床面"。⑤贯鱼：像鱼一样连贯而行。

读经诵典　受益匪浅

復卦① 第二十四

☷☳ 震下　坤上

● 復：亨。出入无疾，朋来无咎。反復其道②，七日③来復，利有攸往。

★《彖》曰：復，亨，刚反，动④而以顺⑤行，是以出入无疾，朋来无咎。反復其道，七日来復，天行也。利有攸往，刚长也。復，其见天地之心乎？

▲《象》曰：雷在地中，復；先王

注释：①《復》卦：象征重新生长。②**反復其道**：指初九孤阳在循环道路上反復运行。③七日：从初到上再返回初，共经历七个爻位。④动：指下震。⑤顺：指上坤。

以至日闭关①，商旅不行，后不省方②。

◎初九：不远復，无祗③悔，元吉。

▲《象》曰：不远之復，以修身④也。

◎六二：休⑤復，吉。

▲《象》曰：休復之吉，以下仁⑥也。

◎六三：频顰⑦復，厉，无咎。

▲《象》曰：频顰復之厉，义无咎也。

◎六四：中行⑧独復。

▲《象》曰：中行独復，以从道也。

注释：①至日闭关：夏至和冬至日静养。②后不省方：君王不视察侯国。③祗：当为祇，大。一说为灾患。④修身：提高道德修养水平。⑤休：美好。⑥下仁：指初九。⑦频：古文顰字，皱眉。⑧中行：六四位于五个阴爻的中间，所以说中行。

读经诵典　受益匪浅

◎六五：敦①复，无悔。

▲《象》曰：敦复无悔，中以自考②也。

◎上六：迷复③，凶，有灾眚④。用行师，终有大败，以其国君凶，至于十年不克征。

▲《象》曰：迷复之凶，反君道也。

注释：①敦：笃诚。②自考：自我考察，反省。③迷复：迷而复。④眚：祸害。

复卦第二十四

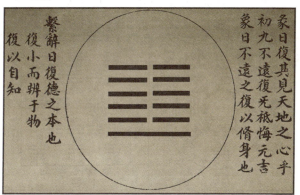

复见天地之心图　明·《来注易经图解》

读经诵典　受益匪浅

无妄卦① 第二十五

震下 乾上

● 无妄：元亨，利贞。其匪正有眚②，不利有攸往。

★《彖》曰：无妄，刚自外来③而为主于内。动而健④，刚中而应⑤。大亨以正，天之命也。其匪正有眚，不利有攸往，无妄之往何之⑥矣？天命不佑，行矣哉！

注释：①《无妄》卦：象征不妄为。②匪正有眚：不行正道有祸。③刚自外来：按卦变论，本卦的初九是从讼卦的九二变来的，故有此说。④动而健：下震是动，上乾是健。⑤刚中而应：指上卦的九五与下卦的六二阴阳正应。⑥何之：之何，去哪里。

读经诵典　受益匪浅

▲《象》曰：天下雷行，物与①无妄；先王以茂对时，育万物。

◎初九：无妄，往吉。

▲《象》曰：无妄之往，得志也。

◎六二：不耕获，不菑畬②，则利有攸往。

▲《象》曰：不耕获，未富也。

◎六三：无妄之灾，或系之牛，行人之得，邑人之灾。

▲《象》曰：行人得牛，邑人灾也。

◎九四：可贞，无咎。

▲《象》曰：可贞无咎，固有之也。

◎九五：无妄之疾，勿药有喜③。

注释：①物与：与物。②菑畬：新辟的生地与久种的熟地。③勿药有喜：无需服药而自愈。

无妄卦第二十五

▲《象》曰：无妄之药，不可试也。

◎ 上九：无妄，行有眚，无攸利。

▲《象》曰：无妄之行，穷之灾也。

五圣著室之图　明·《断易天机》

读经诵典　受益匪浅

大畜卦① 第二十六

☰ 乾下　艮上

● 大畜：利贞。不家食②吉，利涉大川。

★《彖》曰：大畜，刚健笃实，辉光日新。其德刚上③而尚贤，能止健④，大正也。不家食吉，养贤也；利涉大川，应乎天也。

▲《象》曰：天在山中，大畜；君子以多识(志)⑤前言往行，以畜⑥其德。

注释：①《大畜》卦：象征畜聚至大。②不家食：不在家吃饭，意思是应食禄于朝廷。③刚上：指九五居于君位之上。④止健：指艮可对下乾进行控制。⑤识：记取。⑥畜：积累，培养。

◎初九:有厉,利已①。

▲《象》曰:有厉利已,不犯灾也。

◎九二:舆说輹②。

▲《象》曰:舆说輹,中无尤③也。

◎九三:良马逐,利艰贞。曰闲舆卫④,利有攸往。

▲《象》曰:利有攸往,上合志也。

◎六四:童牛之牿⑤,元吉。

▲《象》曰:六四元吉,有喜也。

◎六五:豮豕⑥之牙,吉。

▲《象》曰:六五之吉,有庆也。

◎上九:何天之衢⑦,亨。

▲《象》曰:何天之衢,道大行也。

注释:①利已:利于停止或放弃。②舆说輹:马车脱掉了车輹。说,通脱;輹,固定车轴与车厢的钩子。③尤:过失。④曰闲舆卫:日渐熟练车马防卫的技能。曰,当为日;闲,通娴,熟练。⑤牿:装在牛头上的木棍,用以控制牛。⑥豮豕:阉猪。⑦何天之衢:多么通畅的天路。

颐卦① 第二十七

震下 艮上

● 颐:贞吉。观颐②,自求口实③。

★《彖》曰:颐,贞吉,养正则吉也。观颐,观其所养也。自求口实,观其自养也。天地养万物,圣人养贤以及万民。颐之时大矣哉!

▲《象》曰:山下有雷④,颐;君子以慎言语,节饮食。

◎ 初九:舍尔灵龟,观我朵颐,凶。

注释:①《颐》卦:象征颐养。②观颐:观察腮帮子,即观察事物的颐养现象。③口实:食物。④山下有雷:指本卦的卦象为上艮下震。

▲《象》曰：观我朵颐，亦不足贵也。

◎六二：颠颐①，拂经②于丘颐③，征凶。

▲《象》曰：六二征凶，行失类也。

◎六三：拂颐④，贞凶，十年勿用，无攸利。

▲《象》曰：十年勿用，道大悖也。

◎六四：颠颐，吉。虎视眈眈，其欲逐逐⑤，无咎。

▲《象》曰：颠颐之吉，上施光也。

◎六五：拂经，居贞吉，不可涉大川。

▲《象》曰：居贞之吉，顺以从上⑥也。

◎上九：由颐⑦，厉吉⑧，利涉大川。

▲《象》曰：由颐，厉吉，大有庆也。

注释：①颠颐：颠倒颐养。②拂经：违反常理。③丘颐：高处的颐养。本卦的上体为艮，故曰。④拂颐：违反颐养的正道。⑤逐逐：持续不断。⑥顺以从上：顺，指六五为阴爻；上，指上九。⑦由颐：因为有颐养。⑧厉吉：即使有危险，最终也吉利。

读经诵典　受益匪浅

大过卦① 第二十八

☷ 巽下　兑上

● 大过：栋桡②，利有攸往，亨。

★《彖》曰：大过，大者过也③。栋桡，本末弱也。刚过而中，巽而说(悦)行④，利有攸往，乃亨。大过之时大矣哉！

▲《象》曰：泽灭木，大过；君子以独立不惧，遁世无闷。

◎ 初六：藉用白茅，无咎。

注释：①《大过》卦：象征打破平衡。②栋桡：屋梁弯曲。③大者过：大，指阳爻，因为有四个，所以说"过"。④巽而说行：逊顺而和悦而行。逊顺是下巽的特性，和悦是上兑的特性。

读经诵典　受益匪浅

▲《象》曰:藉用白茅,柔在下①也。

◎九二:枯杨生稊②,老夫得其女妻,无不利。

▲《象》曰:老夫女妻,过以相与③也。

◎九三:栋桡,凶。

▲《象》曰:栋桡之凶,不可以有辅也。

◎九四:栋隆④,吉;有它,吝。

▲《象》曰:栋隆之吉,不桡乎下也。

◎九五:枯杨生华(花),老妇得其士夫⑤,无咎无誉。

注释:①柔在下:指初六位于四个阳爻之下。②稊:嫩芽。③过以相与:异乎寻常地相互亲与。④栋隆:屋梁隆起。⑤士夫:年轻男子。

读经诵典　受益匪浅

▲《象》曰：枯杨生华（花），何可久也。老妇士夫，亦可丑也。

◎上六：过涉灭顶①，凶，无咎。

▲《象》曰：过涉之凶，不可咎也。

注释：①灭顶：淹没头顶。

周文王 像　明人绘

大过卦第二十八

读经诵典　受益匪浅

坎卦① 第二十九

坎下 坎上

● 习坎②：有孚，维心亨，行有尚。

★《彖》曰：习坎，重险也。水流而不盈，行险而不失其信。维心亨，乃以刚中也。行有尚，往有功也。天险，不可升③也；地险，山川丘陵也。王公设险以守其国，险之时用大矣哉！

▲《象》曰：水洊④至，习坎；君子

注释：①《坎》卦：象征险阻，坎为水。②习坎：重叠的坎。指多重艰险。③升：登。④洊：一再。

以常德行，习教事。

◎初六：习坎，入于坎窞①，凶。

▲《象》曰：习坎，入坎，失道②，凶也。

◎九二：坎有险，求小得。

▲《象》曰：求小得，未出中③也。

◎六三：来之④坎坎，险且枕⑤，入于坎窞，勿用。

▲《象》曰：来之坎坎，终无功也。

◎六四：樽酒簋贰⑥，用缶⑦，纳约自牖⑧，终无咎。

▲《象》曰：樽酒簋贰，刚柔际⑨也。

坎卦第二十九

注释：①窞：深坑。②失道：背离正道。③出中：越出中爻之位置。④来之：来去。⑤枕：枕叠，重叠。⑥樽酒簋贰：一樽酒，两簋食。簋，古代的食具。⑦用缶：用瓦器。⑧牖：窗户。⑨际：之间。

◎九五：坎不盈，衹[坻]①既平，无咎。

▲《象》曰：坎不盈，中未大也。

◎上六：系用徽纆②，置于丛棘，三岁不得，凶。

▲《象》曰：上六失道，凶三岁也。

注释：①衹：当作坻，小山坡。②徽纆：绳索。三股的叫徽，两股的叫纆。

坎水洊至图　明·《程氏墨苑》

离卦①第三十

离下 离上

● 离：利贞，亨。畜牝牛，吉。

★《彖》曰：离，丽也。日月丽乎天，百穀草木丽乎土。重明②以丽乎正，乃化成天下。柔丽乎中正③，故亨。是以畜牝牛吉也。

▲《象》曰：明两作④，离；大人以继明照于四方。

注释：①《离》卦：象征附丽。②重明：二重光明，指本卦的上下卦离都表示光明。③柔丽乎中正：指主爻六二、六五均为阴，且分居于上下卦的中间。④两作：两次兴作。

◎初九：履错然①，敬之②，无咎。

▲《象》曰：履错之敬，以辟避③咎也。

◎六二：黄离④，元吉。

▲《象》曰：黄离元吉，得中道也。

◎九三：日昃⑤之离，不鼓缶而歌，则大耋⑥之嗟，凶。

▲《象》曰：日昃之离，何可久也。

◎九四：突如其来如，焚如，死如，弃如。

▲《象》曰：突如其来如，无所容也。

◎六五：出涕沱若，戚嗟若，吉。

▲《象》曰：六五之吉，离王公⑦也。

注释：①履错然：践履郑重。②敬之：谨慎对待之。③辟：通避。④黄离：即丽黄，附着于黄色。黄色在方位五色中是中色。⑤日昃：太阳偏西。⑥大耋：年老之极，八十曰耋。⑦离王公：附丽于王公。

读经诵典　受益匪浅

◎上九：王用出征，有嘉①折首②，获匪其丑③，无咎。

▲《象》曰：王用出征，以正邦也。

注释：①有嘉：可喜。②折首：砍掉为首的。③获匪其丑：捕获不亲己的异类。

离卦第三十

明两作离图　明·《程氏墨苑》

沉香亭图 清·袁江

下 经

卜稽如台图 清·《钦定书经图说》

三兆习吉图 清《钦定书经图说》

读经诵典　受益匪浅

咸卦① 第三十一

☷☱ 艮下 兑上

● 咸：亨，利贞，取(娶)女吉。

★《彖》曰：咸，感也。柔上而刚下②，二气感应以相与，止而说(悦)③，男下女④，是以亨，利贞，取(娶)女吉也。天地感而万物化生，圣人感人心而天下和平；观其所感，而天地万物之情可见矣！

注释：①《咸》卦：象征交感。咸，在本卦中讲成感。②柔上而刚下：上兑为泽，下艮为山，故言。③止而说：上艮为止，下兑为悦，联系起来便是止而悦。说，通悦。④男下女：男在女的下面。在卦形上，艮为少男，兑为少女。

▲《象》曰:山上有泽,咸;君子以虚受人。

◎初六:咸其拇。

▲《象》曰:咸其拇,志在外也。

◎六二:咸其腓①,凶;居吉。

▲《象》曰:虽凶居吉,顺不害也。

◎九三:咸其股,执其随②,往吝③。

▲《象》曰:咸其股,亦不处④也。志在随人,所执下也。

◎九四:贞吉,悔亡⑤;憧憧⑥往来,朋从尔思。

▲《象》曰:贞吉悔亡,未感害也。憧憧往来,未光大也。

注释:①腓:小腿。②随:随从,盲从。③往吝:知过不改。④不处:动。

⑤悔亡:悔根消失。⑥憧憧:心犹豫而往来不定。

读经诵典　受益匪浅

◎九五：咸其脢①，无悔。

▲《象》曰：咸其脢，志末也。

◎上六：咸其辅颊舌。

▲《象》曰：咸其辅颊舌②，滕③口说也。

注释：①脢：背脊。②辅颊舌：指口头。③滕：滔滔不绝。

文序先后一原图　明·《来注易经图解》

咸卦第三十一

101

读经诵典　受益匪浅

恒卦① 第三十二

巽下　震上

● 恒：亨，无咎，利贞，利有攸往。

★《彖》曰：恒，久也。刚上而柔下，雷风相与，巽而动，刚柔皆应②，恒。恒，亨无咎，利贞，久于其道也。天地之道，恒久而不已也。利有攸往，终则有始也。日月得天而能久照，四时变化而能久成，圣人久于其道而天下

注释：①《恒》卦：象征恒久之道。②刚柔皆应：指本卦上、下初六对九四、九二对六五、九三对上六，皆阴阳正应。

化成。观其所恒,而天地万物之情可见矣!

▲《象》曰:雷风,恒;君子以立不易方。

◎初六:浚恒①,贞凶,无攸利。

▲《象》曰:浚恒之凶,始求深也。

◎九二:悔亡。

▲《象》曰:九二悔亡,能久中也。

◎九三:不恒其德,或承之羞②,贞吝。

▲《象》曰:不恒其德,无所容也。

◎九四:田③无禽。

▲《象》曰:久非其位④,安得禽也?

注释:①浚恒:深求恒久之道。浚,挖深。②或承之羞:有时会蒙受耻辱。③田:打猎。④非其位:指九四以阳爻居于阴位。

读经诵典　受益匪浅

◎ 六五：恒其德，贞。妇人吉，夫子凶。

▲《象》曰：妇人贞吉，从一而终也。夫子制义，从妇凶也。

◎ 上六：振恒①，凶。

▲《象》曰：振恒在上，大无功也。

注释：①振恒：动摇恒常之道。振，动。

羲文图　明·《来注易经图解》

读经诵典　受益匪浅

遁卦① 第三十三

艮下　乾上

● 遁：亨，小利贞。

★《彖》曰：遁亨，遁而亨也。刚当位而应②，与时行③也。小利贞，浸④而长也。遁之时义大矣哉！

▲《象》曰：天下有山，遁；君子以远小人，不恶而严。

○ 初六：遁尾⑤，厉，勿用有攸往。

▲《象》曰：遁尾之厉，不往何灾也。

注释：①《遁》卦：象征退避、隐让。②刚当位而应：指主爻九五与六二阴阳正应。③与时行：根据形势而动。④浸：逐渐。⑤遁尾：退避落在末尾。

读经诵典　受益匪浅

◎六二：执①之用黄牛之革，莫之胜说[脱]。

▲《象》曰：执用黄牛，固志也。

◎九三：系②遁，有疾厉；畜臣妾，吉。

▲《象》曰：系遁之厉，有疾惫也③。畜臣妾吉，不可大事也。

◎九四：好遁，君子吉，小人否。

▲《象》曰：君子好遁，小人否也。

◎九五：嘉遁，贞吉。

▲《象》曰：嘉④遁贞吉，以正志也。

◎上九：肥[飞]遁，无不利。

▲《象》曰：肥[飞]⑤遁，无不利，无所疑也。

注释：①执：捆绑。②系：拴住。③有疾惫也：因生病而疲乏。④嘉：赞美。⑤肥：通飞，高飞。

大壮卦① 第三十四

乾下 震上

● 大壮：利贞。

★《彖》曰：大壮，大者壮也。刚以动②，故壮。大壮，利贞，大者正也。正大而天地之情可见矣！

▲《象》曰：雷在天上，大壮；君子以非礼勿履。

◎ 初九：壮于趾，征凶③，有孚。

▲《象》曰：壮于趾，其孚穷也。

◎ 九二：贞吉。

注释：①《大壮》卦：象征强盛。②刚以动：刚健而奋动。下乾为刚，上震为动。③征凶：前进危险。

▲《象》曰：九二贞吉，以中也。

◎九三：小人用壮①，君子用罔②，贞厉。羝羊③触藩④，羸⑤其角。

▲《象》曰：小人用壮，君子罔也。

◎九四：贞吉悔亡，藩决不羸，壮于大舆之輹。

▲《象》曰：藩决不羸，尚往也。

◎六五：丧羊于易⑥，无悔。

▲《象》曰：丧羊于易，位不当也。

◎上六：羝羊触藩，不能退，不能遂；无攸利，艰则吉。

▲《象》曰：不能退，不能遂，不祥也。艰则吉，咎不长也。

注释：①用壮：滥用强力。②用罔：犹言罔用，不这么做。③羝羊：公羊。④藩：篱笆。⑤羸：本义是瘦弱，此处指损。⑥易：通场，田畔。

晋卦① 第三十五

坤下 离上

● 晋：康侯②用锡③马蕃庶④，昼日三接⑤。

★《彖》曰：晋，进也。明出地上⑥，顺而丽乎大明，柔进而上行。是以康侯用锡马蕃庶，昼日三接也。

▲《象》曰：明出地上，晋；君子以自昭明德。

注释：①《晋》卦：象征上进。②康侯：周武王之弟。亦作安国治乱的王侯。③锡：赐予。④蕃庶：繁衍众多。⑤昼日三接：一天之内三次接见。⑥明出地上：指离卦居于坤卦之上。

◎初六：晋如摧如①，贞吉。罔孚②，裕③无咎。

▲《象》曰：晋如摧如，独行正也。裕无咎，未受命也。

◎六二：晋如愁如④，贞吉。受兹介福⑤，于其王母。

▲《象》曰：受兹介福，以中正⑥也。

◎六三：众允⑦，悔亡。

▲《象》曰：众允之，志上尚行也。

◎九四：晋如鼫鼠⑧，贞厉。

▲《象》曰：鼫鼠贞厉，位不当也。

注释：①晋如摧如：上进而所向披靡。②罔孚：没有诚信。③裕：宽容待时。④晋如愁如：前进时忧愁。⑤介福：大福。⑥中正：指下卦主爻六二以阴爻居于阴位，既中且正。⑦允：信任。⑧鼫鼠：又叫五技鼠，有五种技能却无一精专。

◎ 六五：悔亡，失得勿恤①，往吉无不利。

▲《象》曰：失得勿恤，往有庆也。

◎ 上九：晋其角②，维用伐邑，厉吉，无咎；贞吝。

▲《象》曰：维用伐邑，道未光也。

注释：①恤：忧虑。②晋其角：进至极高处，角指兽角尖端。

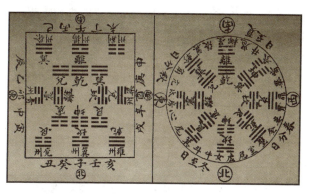

仰观天文俯察地理图　明·《来注易经图解》

读经诵典 受益匪浅

明夷卦①第三十六

离下 坤上

● 明夷：利艰贞。

★《彖》曰：明入地中，明夷。内文明而外柔顺②，以蒙大难，文王③以之④。利艰贞，晦其明也，内难而能正其志，箕子⑤以之。

▲《象》曰：明入地中，明夷；君子以莅众，用晦而明。

◎ 初九：明夷于飞，垂其翼。君子于

注释：①《明夷》卦：象征光明受损。夷，伤害。②内文明而外柔顺：文明指下离，柔顺指上坤。③文王：周文王。④以之：用这种方法。⑤箕子：殷末贤臣，因抨击纣王被囚，从此装疯。

读经诵典　受益匪浅

行，三日不食。有攸往，主人有言。

▲《象》曰：君子于行，义不食也。

◎六二：明夷，夷于左股，用拯马壮①，吉。

▲《象》曰：六二之吉，顺以则也。

◎九三：明夷于南狩，得其大首②；不可疾，贞。

▲《象》曰：南狩之志，乃大得也。

◎六四：入于左腹，获明夷之心，于出门庭。

▲《象》曰：入于左腹，获心意也。

◎六五：箕子之明夷，利贞。

▲《象》曰：箕子之贞，明不可息③也。

注释：①用拯马壮：用良马拯济復壮。②首：头目。③息：同熄，熄灭。

明夷卦第三十六

◎上六：不明晦，初登于天，後入于地。

▲《象》曰：初登于天，照四国也。後入于地，失则也。

囚奴正士图 清·《钦定书经图说》

读经诵典　受益匪浅

家人卦① 第三十七

离下　巽上

● 家人：利女贞。

★《彖》曰：家人，女正位乎内，男正位乎外，男女②正，天地之大义也。家人有严君焉，父母之谓也。父父，子子，兄兄，弟弟，夫夫，妇妇③，而家道正，正家而天下定矣。

▲《象》曰：风自火出，家人；君子以言有物而行有恒。

◎ 初九：闲有家，悔亡。

注释：①《家人》卦：象征治家之道。②男女：男指九五，女指六二，此两爻分处上、下卦之中，分主外、内。③父父，子子，兄兄，弟弟，夫夫，妇妇：前面那个字均用作动词。即以父为父，以子为子，等等。

▲《象》曰：闲有家，志未变也。

◎六二：无攸遂①，在中馈②，贞吉。

▲《象》曰：六二之吉，顺以巽③也。

◎九三：家人嗃嗃④，悔厉吉；妇子嘻嘻⑤，终吝。

▲《象》曰：家人嗃嗃，未失也；妇子嘻嘻，失家节也。

◎六四：富家，大吉。

▲《象》曰：富家大吉，顺在位也。

◎九五：王假(格)⑥有家，勿恤，吉。

▲《象》曰：王假(格)有家，交相爱也。

◎上九：有孚威如⑦，终吉。

▲《象》曰：威如之吉，反身⑧之谓也。

注释：①遂：成就。②中馈：家中的饮食事宜。③顺以巽：柔顺而谦逊。六二以阴爻在下卦居中得正，象征主妇。④嗃嗃：愁怨声。⑤嘻嘻：欢笑声。⑥假：至也。此处犹言用至诚感动。⑦威如：威严的样子。⑧反身：回过头来自我严格要求。

读经诵典　受益匪浅

睽卦① 第三十八

兑下　离上

● 睽：小事吉。

★《彖》曰：睽，火动而上，泽动而下，二女②同居，其志不同行③。说(悦)而丽乎明，柔进而上行，得中而应乎刚④，是以小事吉。天地睽，而其事同也；男女睽，而其志通也；万物睽，而其事类也；睽之时用大矣哉！

注释：①《睽》卦：象征相互背离。②二女：八卦中，离为中女，兑为少女。③不同行：指离火向上烧，兑泽向下注，两相背离。④得中而应乎刚：指六五以柔得中，与九二正应。

▲《象》曰：上火下泽，睽；君子以同而异。

◎初九：悔亡。丧马勿逐，自復。见恶人，无咎。

▲《象》曰：见恶人，以辟①咎也。

◎九二：遇主于巷，无咎。

▲《象》曰：遇主于巷，未失道也。

◎六三：见舆曳②，其牛掣③，其人天且劓④；无初有终。

▲《象》曰：见舆曳，位不当也。无初有终，遇刚⑤也。

◎九四：睽孤⑥，遇元夫，交孚，厉，无咎。

注释：①辟：通避，躲开。②舆曳：车子被拖住。③掣：向前拉。④天且劓：受黥刑与劓刑。天，在额上刺字；劓，割除鼻子。⑤遇刚：指本爻以阴柔上接九四阳刚。⑥睽孤：孤单无应。

读经诵典　受益匪浅

▲《象》曰：交孚无咎，志行也。

◎六五：悔亡，厥宗①噬肤②，往何咎？

▲《象》曰：厥宗噬肤，往有庆也。

◎上九：睽孤，见豕③负涂④，载鬼一车，先张之弧，後说脱⑤之弧；匪寇，婚媾，往遇雨则吉。

▲《象》曰：遇雨之吉，群疑亡也⑥。

注释：①厥宗：他的同宗。②噬肤：咬住肌肤。一说食肉。③豕：猪。④负涂：身沾污泥。⑤说：通脱，放下。⑥群疑亡也：众人的猜疑消失了。

睽卦第三十八

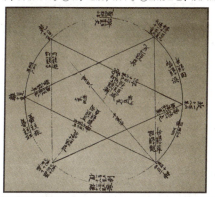

交图三十六卦策数循环图

元·《大易象数钩深图》

蹇卦① 第三十九

艮下 坎上

● 蹇：利西南，不利东北；利见大人，贞吉。

★《彖》曰：蹇，难也，险在前也。见险而能止②，知(智)矣哉！蹇利西南，往得中③也。不利东北，其道穷也。利见大人，往有功也。当位④贞吉，以正邦也。蹇之时用大矣哉！

注释：①《蹇》卦：象征前进困难。②见险而能止：上坎为险，下艮为止。③中：指九五，以阳爻居主位。④当位：指本卦二、四爻居阴位，三、五爻以阳爻居阳位。

读经诵典　受益匪浅

▲《象》曰:山上有水,蹇;君子以反身修德。

◎初六:往蹇来誉。

▲《象》曰:往蹇来誉,宜待也。

◎六二:王臣蹇蹇①,匪躬②之故。

▲《象》曰:王臣蹇蹇,终无尤③也。

◎九三:往蹇,来反[返]④。

▲《象》曰:往蹇来反[返],内喜之也。

◎六四:往蹇,来连⑤。

▲《象》曰:往蹇来连,当位实⑥也。

蹇卦第三十九

注释:①蹇蹇:努力拯济时艰。②匪躬:不是为了自己。③尤:过错。④反:通返。⑤连:连接,这里指联络力量拯济时艰。⑥实:实际情况。

读经诵典　受益匪浅

◎九五：大蹇，朋来。

▲《象》曰：大蹇朋来，以中节也①。

◎上六：往蹇，来硕②，吉。利见大人。

▲《象》曰：往蹇来硕，志在内也。利见大人，以从贵也。

注释：①以中节也：因为有中正的气节。②来硕：归来建大功。

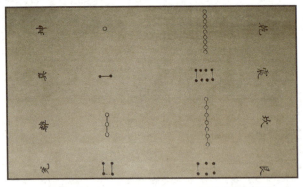

河图用九各拱太极之图　元·《大易象数钩深图》

江楼访友图 清·吴 宏

读经诵典　受益匪浅

解卦① 第四十

坎下　震上

● 解：利西南，无所往，其来復吉。有攸往，夙②吉。

★《彖》曰：解，险以动③，动而免乎险，解。解利西南，往得众也。其来復吉，乃得中也。有攸往夙吉，往有功也。天地解而雷雨作，雷雨作而百果草木皆甲坼④。解之时大矣哉！

注释：①《解》卦：象征解脱。②夙：早。③险以动：下坎为险，上震为动。④甲坼：果壳裂开。

▲《象》曰：雷雨作，解；君子以赦过宥罪①。

◎初六：无咎。

▲《象》曰：刚柔之际，义无咎也。

◎九二：田②获三狐，得黄矢③，贞吉。

▲《象》曰：九二贞吉，得中道也。

◎六三：负且乘④，致寇至，贞吝。

▲《象》曰：负且乘，亦可丑也。自我致戎，又谁咎也？

◎九四：解而拇⑤，朋至斯孚。

▲《象》曰：解而拇，未当位也。

◎六五：君子维有解，吉；有孚于

注释：①赦过宥罪：赦免过失，宽恕罪过。②田：打猎。③黄矢：铜箭头。④负且乘：背着东西坐车。⑤解而拇：解脱你的大脚趾头。

读经诵典　受益匪浅

小^{xiāo}人^{rén}。

▲《象》曰：君子有解，小人退也。

◎上六：公用射隼①，于高墉②之上，获之，无不利。

▲《象》曰：公用射隼，以解悖③也。

注释：①隼：一种猛禽。②墉：城墙。③解悖：消除祸患。悖，逆。

易经

君子解小人退图　明·《程氏墨苑》

损卦第四十一

☰ 兑下 艮上

● 损：有孚，元吉，无咎，可贞，利有攸往。曷之用②？二簋③可用享。

★《彖》曰：损，损下益上，其道上行。损而有孚，元吉，无咎，可贞，利有攸往。曷之用？二簋可用享。二簋应有时，损刚益柔有时。损益盈虚，与时偕行。

▲《象》曰：山下有泽，损；君子

注释：①《损》卦：象征减省。②曷之用：用什么。曷，同何。③簋：食具。

读经诵典　受益匪浅

以惩忿窒欲①。

◎初九：已祀事②遄往③，无咎，酌损之。

▲《象》曰：已祀事遄往，尚合志也。

◎九二：利贞，征凶，弗损益之。

▲《象》曰：九二利贞，中以为志也。

◎六三：三人行，则损一人；一人行，则得其友。

▲《象》曰：一人行，三则疑也。

◎六四：损其疾，使遄有喜④，无咎。

▲《象》曰：损其疾，亦可喜也。

◎六五：或益之十朋⑤之龟，弗克

注释：①惩忿窒欲：制止怒气，塞抑欲望。②已事：即祀事，祭祀之事。③遄往：迅速赶去。④有喜：有快乐。⑤朋：古代的货币单位，两串贝壳为一朋。

读经诵典　受益匪浅

违，元吉。

▲《象》曰：六五元吉，自上祐也。

◎上九：弗损益之，无咎，贞吉。利有攸往，得臣无家。

▲《象》曰：弗损益之，大得志也。

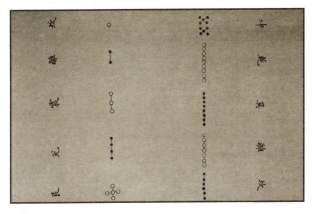

洛书用十各拱太极之图　元·《大易象数钩深图》

益卦①第四十二

震下 巽上

● 益：利有攸往，利涉大川。

★《彖》曰：益，损上益下，民说(悦)无疆。自上下下，其道大光。利有攸往，中正有庆②。利涉大川，木道③乃行。益动而巽，日进无疆。天施地生，其益无方。凡益之道，与时偕行。

▲《象》曰：风雷，益；君子以见

注释：①《益》卦：象征增益。②中正有庆：指六二、九五两爻分居于上下卦的中间，且阴爻居阴位，阳爻居阳位，彼此阴阳正应。③木道：指上巽的作用。巽可以是风，也可以是木。

读经诵典　受益匪浅

善则迁,有过则改。

◎初九:利用为大作,元吉,无咎。

▲《象》曰:元吉,无咎,下不厚事①也。

◎六二:或益之十朋之龟,弗克违,永贞吉。王用享于帝②,吉。

▲《象》曰:或益之,自外来也。

◎六三:益之用凶事,无咎。有孚中行,告公用圭③。

▲《象》曰:益用凶事,固有之也。

◎六四:中行,告公从;利用为依迁国④。

▲《象》曰:告公从,以益志也。

注释:①厚事:担负重要的职任。②帝:天帝。③告公用圭:执圭晋见王公表示诚信。告,晋见;圭,玉器。执圭示信。④迁国:迁都。商、周都曾多次迁都,这在当时是最大的益民。

◎九五：有孚惠心，勿问元吉。有孚惠我德。

▲《象》曰：有孚惠心，勿问之矣。惠我德，大得志也。

◎上九：莫益之①，或击之；立心勿恒，凶。

▲《象》曰：莫益之，偏辞②也；或击之，自外来也。

注释：①莫益之：无人帮助他。②偏辞：偏激之辞。

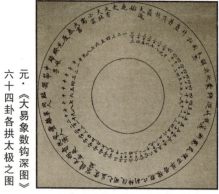

元·《大易象数钩深图》六十四卦各拱太极之图

读经诵典　受益匪浅

夬卦① 第四十三

☰ 乾下　兑上

● 夬：扬②于王庭，孚号③，有厉；告自邑，不利即戎④。利有攸往。

★《彖》曰：夬，决也，刚决柔也。健而说(悦)⑤，决而和。扬于王庭，柔乘五刚也⑥。孚号有厉，其危乃光⑦也。告自邑，不利即戎，所尚乃穷⑧也。利有攸往，刚长乃终也。

注释：①《夬》卦：象征决断。②扬：宣扬。③孚号：用诚号召。④即戎：立刻征伐。⑤健而说：健是下乾的属性，悦是上兑的属性。⑥柔乘五刚：指本卦五个阳爻，一个阴爻。⑦光：大。⑧穷：尽。

▲《象》曰：泽上于天，夬；君子以施禄及下，居德则忌。

◎初九：壮于前趾，往不胜，为咎。

▲《象》曰：不胜而往，咎也。

◎九二：惕号①，莫②夜有戎，勿恤。

▲《象》曰：有戎勿恤，得中道③也。

◎九三：壮于頄④，有凶。君子夬夬⑤独行，遇雨若濡⑥，有愠⑦，无咎。

▲《象》曰：君子夬夬，终无咎也。

◎九四：臀无肤，其行次且⑧。牵羊悔亡，闻言不信。

▲《象》曰：其行次且，位不

注释：①惕号：警惕呼号。②莫：同暮。③得中道：指居中不偏。④頄：颧骨。⑤夬夬：决断貌。⑥濡：淋湿。⑦愠：不悦。⑧次且：即趑趄，行走困难。

读经诵典　受益匪浅

当①也。闻言不信，聪不明也。

◎九五：苋陆②夬夬，中行无咎。

▲《象》曰：中行无咎，中未光也。

◎上六：无号③，终有凶。

▲《象》曰：无号之凶，终不可长也。

注释：①位不当：指九四以阳爻居于阴位。②苋陆：一种野菜。③号：大声哭。

读《易》有感图　明·《孔子圣迹图》

读经诵典　受益匪浅

姤卦① 第四十四

☰☴ 巽下 乾上

● 姤:女壮,勿用取娶女。

★《彖》曰:姤,遇也,柔遇刚②也。勿用取娶女,不可与长也。天地相遇,品物③咸章④也。刚遇中正,天下大行也。姤之时义大矣哉!

▲《象》曰:天下有风,姤;后⑤以施命诰四方。

注释:①《姤》卦:象征柔刚之遇。②柔遇刚:本卦卦形为一阴爻上叠五阳爻,故有此说。③品物:各类事物。④咸章:全部繁荣。章,同彰。⑤后:君王。

◎初六：系于金柅①，贞吉。有攸往，见凶，羸豕②孚<small>浮</small>③蹢躅④。

▲《象》曰：系于金柅，柔道牵也。

◎九二：包<small>庖</small>⑤有鱼，无咎，不利宾。

▲《象》曰：包<small>庖</small>有鱼，义不及宾也。

◎九三：臀无肤，其行次<small>趑</small>且<small>趄</small>，厉，无大咎。

▲《象》曰：其行次<small>趑</small>且<small>趄</small>，行未牵也。

◎九四：包<small>庖</small>无鱼，起凶。

▲《象》曰：无鱼之凶，远民也。

◎九五：以杞包<small>匏</small>瓜⑥，含章⑦，有陨自天。

注释：①金柅：金属制动器。②羸豕：瘦弱的猪。一谓母猪。③孚：通浮，表现出。④蹢躅：同踯躅。⑤包：通庖，厨房。⑥以杞包瓜：用杞树的枝叶把瓜遮掩起来。⑦含章：含藏美好。

▲《象》曰：九五含章，中正也。有陨自天，志不舍命也。

◎上九：姤[①]其角，吝，无咎。

▲《象》曰：姤其角，上穷吝也。

注释：①姤：通遘，遇到。

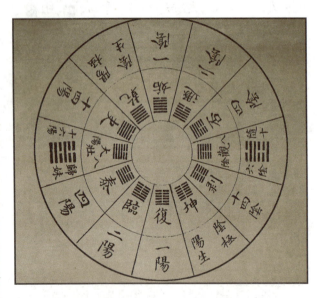

復姤小父母图　元·《大易象数钩深图》

萃卦第四十五

☷☱ 坤下 兑上

● 萃：亨。王假(格)有庙，利见大人；亨，利贞。用大牲吉，利有攸往。

★《彖》曰：萃，聚也。顺以说(悦)②，刚中而应③，故聚也。王假(格)有庙，致④孝享也。利见大人，亨，聚以正也。用大牲吉，利有攸往，顺天命也。观其所聚，而天地万物之情可见矣。

注释：①《萃》卦：象征聚集。②顺以说：顺而悦。顺是坤的属性，悦是兑的属性。③刚中而应：指九五居中得正，且与六二阴阳互应。④致：表达。

读经诵典　受益匪浅

▲《象》曰：泽上于地，萃；君子以除①戎器，戒不虞②。

◎初六：有孚不终，乃③乱乃萃④。若号，一握为笑，勿恤⑤，往无咎。

▲《象》曰：乃乱乃萃，其志乱也。

◎六二：引吉，无咎，孚乃利用禴⑥。

▲《象》曰：引吉无咎，中未变也。

◎六三：萃如嗟如，无攸利。往无咎，小吝。

▲《象》曰：往无咎，上巽⑦也。

◎九四：大吉无咎。

▲《象》曰：大吉无咎，位不当也。

◎九五：萃有位，无咎。匪孚⑧，元

注释：①除：此处意为修治。②不虞：意外事件。虞，料想。③乃：于是。④萃：积聚。⑤勿恤：不用忧虑。⑥禴：薄祭。⑦上巽：服从于上。巽，逊驯。⑧匪孚：不信任。

永贞,悔亡。

▲《象》曰:萃有位,志未光也。

◎上六:赍咨①涕洟②,无咎。

▲《象》曰:赍咨涕洟,未安上也。

注释:①赍咨:叹气声。②涕洟:哭泣。涕,眼泪。洟,鼻涕。

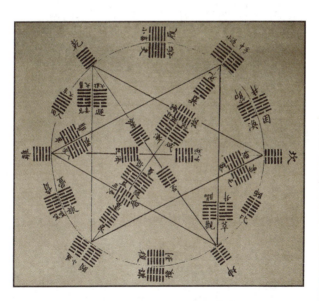

後天六宫交图　明·《三易备遗》

读经诵典　受益匪浅

升卦①第四十六 (shēng guà dì sì shí liù)

巽下　坤上 (xùn xià　kūn shàng)

● 升：元亨，用见②大人，勿恤；南征吉。

★《彖》曰：柔以时升，巽而顺③，刚中而应④，是以大亨。用见大人，勿恤，有庆也。南征吉，志行也。

▲《象》曰：地中生木，升；君子以顺德⑤，积小以高大⑥。

◎ 初六：允升⑦，大吉。

注释：①《升》卦：象征顺势向上升。②用见：同利见。③巽而顺：谦逊而顺从。④刚中而应：指九二居中，且与六五阴阳互应。⑤顺德：顺乎德。⑥以高大：一作"以成高大"。⑦允升：肯定上升。

▲《象》曰：允升大吉，上合志也。

◎九二：孚乃利用禴①，无咎。

▲《象》曰：九二之孚，有喜也。

◎九三：升虚邑②。

▲《象》曰：升虚邑，无所疑也。

◎六四：王用亨③于岐山，吉无咎。

▲《象》曰：王用亨于岐山，顺事也。

◎六五：贞吉，升阶④。

▲《象》曰：贞吉升阶，大得志也。

◎上六：冥升⑤，利于不息之贞。

▲《象》曰：冥升在上，消不富也。

注释：①禴：薄祭。②虚邑：空城。③用亨：献祭。亨，同享，祭祀。
④升阶：登上了一个台阶。⑤冥升：昏昧中仍上升。

读经诵典　受益匪浅

困卦①第四十七

☰☷ **坎下 兑上**

● 困：亨。贞，大人吉，无咎。有言不信。

★《彖》曰：困，刚掩②也。险以说(悦)③，困而不失其所亨，其唯君子乎？贞，大人吉，以刚中④也。有言不信，尚口⑤乃穷也。

▲《象》曰：泽无水，困；君子以致命遂志⑥。

注释：①《困》卦：象征困厄。②刚掩：阳刚被掩盖。③险以说：下坎为险，上兑为悦。说，通悦。④刚中：指下坎的九二和上兑的九五。⑤尚口：重视言辞。⑥致命遂志：舍弃生命，实现愿望。

读经诵典　受益匪浅

◎ 初六：臀困于株木，入于幽谷①，三岁不觌②。

▲《象》曰：入于幽谷，幽不明也。

◎ 九二：困于酒食，朱绂③方来，利用亨享④祀；征凶，无咎。

▲《象》曰：困于酒食，中有庆也。

◎ 六三：困于石，据⑤于蒺藜⑥，入于其宫，不见其妻，凶。

▲《象》曰：据于蒺藜，乘刚⑦也。入于其宫，不见其妻，不祥也。

◎ 九四：来徐徐，困于金车，吝，有终。

▲《象》曰：来徐徐，志在下也。

困卦第四十七

注释：①幽谷：幽深的山谷。②觌：见，指见天日。③朱绂：红色祭服，贵人才穿用。借喻荣禄。④亨：同享，献祭。⑤据：阻。⑥蒺藜：一种带刺的植物。⑦乘刚：指阴爻六三凌驾于阳爻九二之上。

虽不当位,有与也。

◎九五:劓刖①,困于赤绂②,乃徐有说,利用祭祀。

▲《象》曰:劓刖,志未得也。乃徐有说脱③,以中直也。利用祭祀,受福也。

◎上六:困于葛藟④,于臲卼⑤,曰动悔。有悔,征吉。

▲《象》曰:困于葛藟,未当也。动悔,有悔,吉行也。

注释:①**劓刖**:古代的两种罚刑;割鼻与断足。②**赤绂**:红色祭服,诸侯专用。红而明亮为朱,红而不亮为赤。此处暗喻诸侯。③**说**:通脱,解脱。④**葛藟**:葛藤。⑤**臲卼**:不安定。

富春山居图(部分)　　元·黄公望

读经诵典　受益匪浅

井卦① 第四十八

巽下　坎上

● 井：改邑不改井，无丧无得，往来井井②。汔至③，亦未繘井④；羸⑤其瓶，凶。

★《彖》曰：巽乎水⑥而上水，井；井养而不穷也。改邑不改井，乃以刚中也。汔至亦未繘井，未有功也。羸其瓶，是以凶也。

▲《象》曰：木上有水，井；君子

注释：①《井》卦：象征汲取之理。②井井：汲井水。前一个井字理解为动词。③汔至：水将至井口。④繘井：用绳子打上井水。⑤羸：此处理解为损坏。⑥巽乎水：顺乎水性。巽有顺从的意义。

以劳民劝相①。

◎初六：井泥不食，旧井无禽②。

▲《象》曰：井泥不食，下也。旧井无禽，时舍③也。

◎九二：井谷④射鲋⑤，瓮敝漏。

▲《象》曰：井谷射鲋，无与也。

◎九三：井渫⑥不食，为⑦我心恻⑧。可用汲，王明，并受其福。

▲《象》曰：井渫不食，行恻也。求王明，受福也。

◎六四：井甃，无咎。

▲《象》曰：井甃⑨，无咎，修井也。

◎九五：井冽⑩，寒泉食。

注释：①劳民劝相：让庶民勤奋劳动相互帮助。劝，勉励。②无禽：没有禽鸟光顾。③舍：抛弃。④井谷：井下聚水的注地。⑤鲋：小鱼。⑥渫：淘污泥。⑦为：使。⑧恻：难过。⑨甃：用砖砌。⑩冽：清凉。

▲《象》曰：寒泉之食，中正①也。

◎上六：井收勿幕②，有孚元吉。

▲《象》曰：元吉在上，大成也。

注释：①中正：指九五居上卦之中，且以阳爻居阳位。②勿幕：不要覆盖。

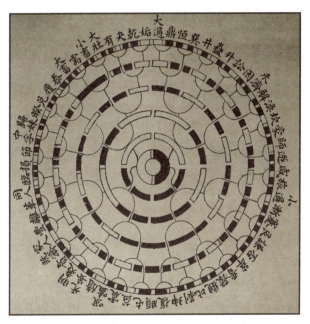

先天六十四卦圆图　明·《来注易经图解》

读经诵典　受益匪浅

革卦① 第四十九

离下　兑上

● 革：巳日② 乃孚，元亨，利贞，悔亡。

★《彖》曰：革，水火相息，二女同居③，其志不相得，曰革。巳日乃孚，革而信之。文明以说(悦)④，大亨以正，革而当，其悔乃亡。天地革而四时⑤ 成，汤武革命⑥，顺乎天而应乎人。革之时⑦ 大矣哉！

注释：①《革》卦：象征变革去故。②巳日：古时记日的一种。③二女同居：《说卦》谓离卦为中女，兑卦为少女，故有此说。④文明以说：离为文明，兑为和悦。说，通悦。⑤四时：春、夏、秋、冬。⑥汤武革命：指商汤王讨伐夏桀和周武王讨伐商纣，两事均导致了改朝换代。⑦时：一说"时"字後当有"义"字。

读经诵典　受益匪浅

▲《象》曰：泽中有火，革；君子以治历明时。

◎初九：巩①用黄牛之革。

▲《象》曰：巩用黄牛，不可以有为也。

◎六二：巳日乃革之，征吉，无咎。

▲《象》曰：巳日革之，行有嘉也。

◎九三：征凶，贞厉。革言②三就③，有孚。

▲《象》曰：革言三就，又何之矣。

◎九四：悔亡，有孚，改命，吉。

▲《象》曰：改命之吉，信伸志④也。

◎九五：大人虎变⑤，未占有孚。

革卦第四十九

注释：①巩：束物。②革言：革新的设想。③三就：多番俯就众论。④信志：实现抱负。信，通伸。⑤虎变：喻革新如老虎毛色的变化，斑斓醒目。

▲《象》曰：大人虎变，其文炳也。

◎上六：君子豹变①，小人革面②；征凶，居贞吉。

▲《象》曰：君子豹变，其文蔚也。小人革面，顺以从君也。

注释：①豹变：与虎变义同。②革面：改变面貌。一作改变倾向。

大人虎变图　明·《程氏墨苑》

读经诵典　受益匪浅

鼎卦① 第五十

巽下　离上

● 鼎：元吉，亨。

★《彖》曰：鼎，象也。以木巽火②，亨(烹)饪③也。圣人亨(烹)以享上帝，而大亨(烹)以养圣贤。巽而耳目聪明④，柔进而上行，得中而应乎刚⑤，是以元亨。

▲《象》曰：木上有火，鼎；君子

注释：①《鼎》卦：象征取新。②以木巽火：根据《说卦》，巽为木，离为火，故说以木巽火。③亨饪：即烹饪。以下两个"亨"字均假借为"烹"。④巽而耳目聪明：巽卦的上面是离卦，离为明。⑤得中而应乎刚：指位于上卦之中的六五与下卦的九二阴阳正应。

读经诵典　受益匪浅

以正位凝命①。

◎初六：鼎颠趾②，利出否③；得妾以其子，无咎。

▲《象》曰：鼎颠趾，未悖也。利出否，以从贵也。

◎九二：鼎有实④，我仇⑤有疾，不我能即⑥，吉。

▲《象》曰：鼎有实，慎所之也。我仇有疾，终无尤⑦也。

◎九三：鼎耳革⑧，其行塞，雉膏不食；方雨，亏悔⑨，终吉。

▲《象》曰：鼎耳革，失其义也。

注释：①凝命：专注于使命。②颠趾：鼎脚倒过来。③否：坏，指腐败的食物。④有实：装满食物。⑤仇：配偶。⑥不我能即："不能即我"的倒装。即，接近。⑦尤：过失。⑧耳革：鼎耳脱了。⑨亏悔：减少悔恨。

◎九四：鼎折足，覆公餗①，其形渥②，凶。

▲《象》曰：覆公餗，信如何也！

◎六五：鼎黄耳金铉③，利贞。

▲《象》曰：鼎黄耳，中以为实也。

◎上九：鼎玉铉，大吉，无不利。

▲《象》曰：玉铉在上，刚柔节④也。

注释：①餗：肉稀饭。②渥：湿濡腥靦。③铉：鼎杠。④刚柔节：刚与柔相调节。刚，指上九。柔，指六五。

鼎黄耳图　明·《程氏墨苑》

读经诵典　受益匪浅

震卦①第五十一

☳☳ 震下　震上

● 震：亨。震来虩虩②，笑言哑哑③。震惊百里，不丧匕鬯④。

★《彖》曰：震，亨。震来虩虩，恐致福也。笑言哑哑，后有则也。震惊百里，惊远而惧迩⑤也。出，可以守宗庙社稷，以为祭主也。

▲《象》曰：洊⑥雷，震；君子以恐惧修省。

注释：①《震》卦：象征雷霆震动。②虩虩：恐惧的样子。③哑哑：欢笑声。④不丧匕鬯：没有停止祭祀。匕，勺具；鬯，香酒。⑤迩：近。⑥洊：重，一个接一个。

◎ 初九：震来虩虩，后笑言哑哑，吉。

▲《象》曰：震来虩虩，恐①致福也。笑言哑哑，后有则也。

◎ 六二：震来厉，亿②丧贝③，跻于九陵，勿逐④，七日得。

▲《象》曰：震来厉，乘刚⑤也。

◎ 六三：震苏苏⑥，震行无眚⑦。

▲《象》曰：震苏苏，位不当也。

◎ 九四：震遂⑧坠泥。

▲《象》曰：震遂坠泥，未光也。

◎ 六五：震往来厉，亿无丧，有事。

▲《象》曰：震往来厉，危行也。

注释：①恐：恐惧。②亿：十万曰亿，犹言"大"，作副词。③贝：贝币。
④逐：追寻。⑤乘刚：指六二在初九之上。⑥苏苏：不安的样子。
⑦眚：灾祸。⑧遂：古坠字。

其事在中，大无丧也。

◎上六：震索索①，视矍矍②，征凶。震不于其躬③，于其邻，无咎。婚媾有言④。

▲《象》曰：震索索，中未得⑤也。虽凶无咎，畏邻戒也。

注释：①索索：颤抖的样子。②矍矍：惊恐四顾的样子。③其躬：其自身。④言：议论。⑤中未得：指上六非居于上震的正中。

洊雷主器图　明·《程氏墨苑》

艮卦①第五十二

☷ 艮下 艮上

● 艮：艮其背，不获其身；行其庭，不见其人。无咎。

★《彖》曰：艮，止也。时止则止，时行则行，动静不失其时，其道光明。艮其止②，止其所也。上下敌应③，不相与④也。是以不获其身，行其庭不见其人，无咎也。

▲《象》曰：兼山⑤，艮；君子以思不出其位。

注释：①《艮》卦：象征静止。艮，止住，抑止。②止：依卦辞当为背。③敌应：本卦上下卦均为阴爻对阴爻、阳爻对阳爻，《易传》以此为敌应。④与：往来亲与。⑤兼山：两山重叠。

◎初六：艮其趾，无咎，利永贞。

▲《象》曰：艮其趾，未失正也。

◎六二：艮其腓①，不拯其随②，其心不快。

▲《象》曰：不拯其随，未退听③也。

◎九三：艮其限④，列⑤其夤⑥，厉薰心⑦。

▲《象》曰：艮其限，危薰心也。

◎六四：艮其身，无咎。

▲《象》曰：艮其身，止诸躬也。

◎六五：艮其辅⑧，言有序，悔亡。

▲《象》曰：艮其辅，以中正也。

◎上九：敦⑨艮，吉。

▲《象》曰：敦艮之吉，以厚终也。

注释：①腓：小腿。②随：随从。③退听：退让顺从。听，从。④限：分界，指腰部。⑤列：通裂，这里指扭伤。⑥夤：背脊肉。⑦薰心：谓心受熏灼。常形容受愁苦。⑧辅：指嘴巴。⑨敦：厚重。

读经诵典 受益匪浅

渐卦① 第五十三

艮下 巽上

● 渐：女归②吉，利贞。

★《彖》曰：渐之进也，女归吉也。进得位③，往有功也。进以正，可以正邦也。其位刚④，得中也。止而巽⑤，动不穷也。

▲《象》曰：山上有木，渐；君子以居贤德，善俗。

注释：①《渐》卦：象征依秩序前进，即渐进。②归：出嫁。③得位：本卦主爻六二、九五均为阴爻居阴位，阳爻居阳位，所以说得位。④其位刚：指阳爻九五。⑤止而巽：静止而柔顺。静止是下艮的属性，柔顺是上巽的属性。

◎初六：鸿渐于干①，小子厉，有言，无咎。

▲《象》曰：小子之厉，义无咎也。

◎六二：鸿渐于磐，饮食衎衎②，吉。

▲《象》曰：饮食衎衎，不素饱③也。

◎九三：鸿渐于陆，夫征不復，妇孕不育，凶。利御寇。

▲《象》曰：夫征不復，离群丑也。妇孕不育，失其道也。利用御寇，顺相保也。

◎六四：鸿渐于木，或得其桷④，无咎。

▲《象》曰：或得其桷，顺以巽也。

◎九五：鸿渐于陵⑤，妇三岁不孕，

注释：①干：岸边。②衎衎：欢乐的样子。③素饱：白吃饭。④桷：方形的屋椽，这里指桷形的树枝。⑤陵：山坡。

终莫之胜,吉。

▲《象》曰:终莫之胜,吉,得所愿也。

◎上九:鸿渐于陆,其羽可用为仪,吉。

▲《象》曰:其羽可用为仪,吉,不可乱也。

鸿渐于陆图　明·《程氏墨苑》

人物故事图之明妃出塞　明·仇 英

读经诵典　受益匪浅

归妹卦① 第五十四

☷☱ 兑下　震上

● 归妹：征凶，无攸利。

★《彖》曰：归妹，天地之大义也。天地不交，而万物不兴；归妹，人之终始也。说(悦)以动②，所归妹也。征凶，位不当③也。无攸利，柔乘刚④也。

▲《象》曰：泽上有雷，归妹；君子以永终知敝(弊)⑤。

注释：①《归妹》卦：象征女子出嫁。归妹，嫁女。②说以动：悦而动。下兑的属性为悦，上震的属性为动。③位不当：指阴爻居阳位或阳爻居阴位。④柔乘刚：指六三在九二之上、六五在九四之上。⑤敝：通弊，毛病。

◎初九：归妹以娣①，跛能履，征吉。

▲《象》曰：归妹以娣，以恒也。跛能履吉，相承也。

◎九二：眇②能视，利幽人③之贞。

▲《象》曰：利幽人之贞，未变常也。

◎六三：归妹以须④，反归以娣。

▲《象》曰：归妹以须，未当也。

◎九四：归妹愆期⑤，迟归有时。

▲《象》曰：愆期之志，有待而行也。

◎六五：帝乙⑥归妹，其君之袂⑦，不如其娣之袂良，月几⑧望⑨，吉。

注释：①娣：妹妹。②眇：瞎了一只眼。③幽人：安恬之人。④须：假借为嬃，姐姐。⑤愆期：错过了日子。⑥帝乙：商代的一个王（商纣之父）。⑦袂：衣袖，此处指衣饰。⑧几：快到。⑨望：农历每月的十五日（有时延後一两日）。

▲《象》曰：帝乙归妹，不如其娣之袂良也。其位在中，以贵行也。

◎上六：女承筐，无实①；士刲②羊，无血。无攸利。

▲《象》曰：上六无实，承虚筐也。

注释：①无实：没有东西。②刲：割，这里指宰杀。

苏小妹三难新郎·杨柳青年画

读经诵典 受益匪浅

丰卦^① 第五十五

☲☳ 离下 震上

● 丰：亨，王假^②之；勿忧，宜日中。

★《彖》曰：丰，大也；明以动^③，故丰。王假之，尚大也。勿忧宜日中，宜照天下也。日中则昃^④，月盈则食^⑤，天地盈虚^⑥，与时消息^⑦，而况于人乎？况于鬼神乎？

▲《象》曰：雷电皆至，丰；君子

注释：①《丰》卦：象征丰盛硕大。②假：通格，达到。③明以动：下离为明，上震为动。④昃：偏西。⑤食：亏缺。⑥盈虚：指圆满和亏缺两种状态的转换。⑦消息：消亡与生长。

以折狱致刑①。

◎初九：遇其配主②，虽旬③无咎，往有尚。

▲《象》曰：虽旬无咎，过旬灾也。

◎六二：丰其蔀④，日中见斗。往得疑疾，有孚发若⑤，吉。

▲《象》曰：有孚发若，信以发志也。

◎九三：丰其沛（旆）⑥，日中见沬（昧）⑦，折其右肱，无咎。

▲《象》曰：丰其沛（旆），不可大事也。折其右肱，终不可用也。

◎九四：丰其蔀，日中见斗；遇其夷主⑧，吉。

注释：①折狱致刑：审判案件，按罪判刑。②配主：相配之主。③旬：十日。④蔀：障蔽。⑤发若：发，发挥；若，语末助词。⑥沛：通旆，幡幕。⑦沬：通昧，小星星。⑧夷主：平易而可沟通的君主。

▲《象》曰：丰其蔀，位不当①也。日中见斗，幽不明也。遇其夷主，吉，行也。

◎六五：来章②，有庆誉，吉。

▲《象》曰：六五之吉，有庆也。

◎上六：丰其屋，蔀③其家，窥其户，阒④其无人；三岁不觌⑤，凶。

▲《象》曰：丰其屋，天际翔也。窥其户，阒其无人，自藏也。

注释：①位不当：指本爻以阳爻居阴位四。②来章：招致美才。来，招徕；章，美好。③蔀：遮蔽。④阒：寂静。⑤觌：看见。

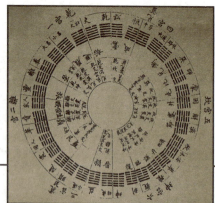

明·《三易备遗》交图三十六卦分隶六宫之图

旅卦①第五十六

☷ 艮下 离上

● 旅：小亨，旅贞吉。

★《彖》曰：旅，小亨；柔得中乎外而顺乎刚②，止而丽乎明③，是以小亨，旅贞吉也。旅之时义大矣哉！

▲《象》曰：山上有火，旅；君子以明慎用刑，而不留狱④。

◎ 初六：旅琐琐⑤，斯其所取灾⑥。

注释：①《旅》卦：象征寄居异乡。②柔得中乎外而顺乎刚：指阴爻六五居于上卦离的中间，并顺从于阳爻上九。③止而丽乎明：下艮为止，上离为明。④留狱：拖延办案。⑤琐琐：猥琐卑贱。⑥取灾：自讨苦吃。

▲《象》曰：旅琐琐，志穷灾也。

◎六二：旅即次①，怀②其资，得童仆，贞。

▲《象》曰：得童仆，贞，终无尤也。

◎九三：旅焚其次，丧其童仆，贞厉。

▲《象》曰：旅焚其次，亦以伤矣。以旅与③下，其义丧也。

◎九四：旅于处，得其资斧，我心不快。

▲《象》曰：旅于处，未得位④也。得其资斧，心未快也。

◎六五：射雉，一矢亡，终以誉命。

▲《象》曰：终以誉命，上逮⑤也。

注释：①即次：到达旅途所居之地。②怀：携带。③与：对待。④未得位：指九四以阳爻居于阴位。⑤上逮：为君王所赏识。

读经诵典　受益匪浅

◎ 上九：鸟焚其巢，旅人先笑後号咷①。丧牛于易(場)②，凶。

▲《象》曰：以旅在上，其义焚也。丧牛于易(場)，终莫之闻也。

注释：①号咷：也作嚎啕，大哭的样子。②易：通场，田畔。

先天六十四卦方位之图　明·《来注易经图解》

旅卦第五十六

巽卦①第五十七

☴ 巽下 巽上

● 巽：小亨；利有攸往，利见大人。

★《彖》曰：重巽②以申命，刚巽乎中正③而志行，柔皆顺乎刚。是以小亨，利有攸往，利见大人。

▲《象》曰：随风，巽；君子以申命行事。

◎ 初六：进退，利武人之贞。

▲《象》曰：进退，志疑④也。利武人之贞，志治⑤也。

注释：①《巽》卦：象征顺伏。巽字篆文像二人跪于几上。②重巽：两巽相叠。③刚巽乎中正：指九五位于上卦之中，且以阳爻居阳位。④志疑：主意不定。⑤志治：主意不乱。

◎九二：巽在床下①，用史巫②纷若③，吉，无咎。

▲《象》曰：纷若之吉，得中也。

◎九三：频巽④，吝。

▲《象》曰：频巽之吝，志穷也。

◎六四：悔亡，田⑤获三品⑥。

▲《象》曰：田获三品，有功也。

◎九五：贞吉，悔亡，无不利；无初有终⑦；先庚三日，後庚三日⑧，吉。

▲《象》曰：九五之吉，位正中⑨也。

◎上九：巽在床下，丧其资斧，贞凶。

▲《象》曰：巽在床下，上穷也。丧其资斧，正乎凶也。

注释：①床下：指隐蔽的角落。②史巫：史官与巫师。③纷若：纷纷然。④频巽：皱着眉头顺从。频，通颦。⑤田：打猎。⑥三品：泛指猎物众多。⑦无初有终：没有好的开头却有满意的结果。⑧先庚三日，後庚三日：指庚前後的六日，加上庚，正是《復卦》卦辞所说的"七日来復"。⑨位正中：指九五以阳爻居阳位，且在上卦之中。

兑卦① 第五十八

兑下 兑上

● 兑：亨，利贞。

★《彖》曰：兑，说(悦)也。刚中而柔外②，说(悦)以利贞，是以顺乎天而应乎人。说(悦)以先民③，民忘其劳；说(悦)以犯难④，民忘其死。说(悦)之大，民劝矣哉！

▲《象》曰：丽泽⑤，兑；君子以朋友讲习。

注释：①《兑》卦：象征怡乐。②刚中而柔外：指二、五两个爻位为阳爻，三、六两个爻位为阴爻。③先民：先于民，在民众之前不辞劳苦。④犯难：冒险。⑤丽泽：连接着的泽。丽，附丽；兑为泽。

◎ 初九：和兑，吉。

▲《象》曰：和兑之吉，行未疑也。

◎ 九二：孚兑①，吉，悔亡。

▲《象》曰：孚兑之吉，信志也。

◎ 六三：来②兑，凶。

▲《象》曰：来兑之凶，位不当③也。

◎ 九四：商④兑未宁，介疾⑤有喜。

▲《象》曰：九四之喜，有庆也。

◎ 九五：孚于剥⑥，有厉。

▲《象》曰：孚于剥，位正当也。

◎ 上六：引兑⑦。

▲《象》曰：上六引兑，未光也。

注释：①孚兑：本于诚信的怡悦。②来：谋求。③位不当：指六三以阴爻居于阳位。④商：考虑琢磨。⑤介疾：去除疾病。介，隔绝。⑥孚于剥：诚信被损害。⑦引兑：引诱和悦。

涣卦① 第五十九

坎下 巽上

● 涣：亨。王假[格]有庙，利涉大川，利贞。

★《彖》曰：涣，亨。刚来②而不穷，柔得位乎外而上同③。王假[格]有庙，王乃在中也；利涉大川，乘木④有功也。

▲《象》曰：风行水上，涣；先王以享于帝⑤，立庙。

注释：①《涣》卦：象征水流顺畅。②刚来：刚指下卦的主爻九二。根据卦变说，它是由渐卦的九三下降而成的，所以说来。③柔得位乎外而上同：六四居于阴位，是柔得位；它上顺从于主爻九五，是上同。④木：指上巽。巽象征风，也象征木。⑤帝：天帝。

◎初六：用拯①马壮，吉。

▲《象》曰：初六之吉，顺②也。

◎九二：涣奔其机③，悔亡。

▲《象》曰：涣奔其机，得愿也。

◎六三：涣其躬④，无悔。

▲《象》曰：涣其躬，志在外也。

◎六四：涣其群，元吉。涣有丘⑤，匪夷⑥所思。

▲《象》曰：涣其群，元吉，光大也。

◎九五：涣汗其大号⑦，涣王居⑧，无咎。

▲《象》曰：王居无咎，正位也。

◎上九：涣其血，去逖惕⑨出，无咎。

▲《象》曰：涣其血，远害也。

注释：①用拯：借助。②顺：指初六顺从于九二。③机：马王堆帛书《周易》作阶，台阶。④躬：自身。⑤有丘：高丘。⑥匪夷：不是一般。⑦大号：大声呼叫。⑧王居：君王的居所，即宫廷。⑨逖：通惕。

节卦① 第六十

兑下 坎上

● 节:亨。苦节②不可贞。

★《彖》曰:节,亨,刚柔分③而刚得中④。苦节不可贞,其道穷也。说(悦)以行险⑤,当位以节,中正以通。天地节而四时成,节以制度,不伤财,不害民。

▲《象》曰:泽上有水,节;君子以制数度,议德行。

注释:①《节》卦:象征节制。②苦节:过分的控制。③刚柔分:本卦上坎为刚(阳),下兑为柔(阴)。④刚得中:指上下卦的主爻九五和九二均为阳爻。⑤说以行险:下兑为悦,上坎为险。说,通悦。

◎初九：不出户庭，无咎。

▲《象》曰：不出户庭，知通塞①也。

◎九二：不出门庭，凶。

▲《象》曰：不出门庭，凶，失时极②也。

◎六三：不节若③，则嗟若，无咎。

▲《象》曰：不节之嗟，又谁咎也。

◎六四：安节，亨。

▲《象》曰：安节之亨，承上道④也。

◎九五：甘节⑤，吉；往有尚。

▲《象》曰：甘节之吉，居位中也。

◎上六：苦节，贞凶，悔亡。

▲《象》曰：苦节贞凶，其道穷也。

注释：①通塞：畅顺与阻塞。②时极：適中的时机。极，中。③若：语气助词，相当于"啊"。④承上道：指六四上承九五之道。⑤甘节：和怡的节制。

读经诵典　受益匪浅

中孚卦①第六十一

兑下　巽上

● 中孚：豚鱼吉，利涉大川，利贞。

★《彖》曰：中孚，柔在内②而刚得中③。说(悦)而巽④，孚，乃化邦也。豚鱼吉，信及豚鱼也。利涉大川，乘木舟⑤虚也。中孚以利贞，乃应乎天也。

▲《象》曰：泽上有风，中孚；君

注释：①《中孚》卦：象征内诚。中孚：心中有诚信。②柔在内：指本卦的内两爻（六三、六四）是阴爻。③刚得中：指九二居于下兑之中，九五居于上巽之中。④说而巽：和悦而谦逊，它们分别是下兑和上巽的属性。⑤乘木舟：巽为木，兑为泽，中孚卦的卦象如水中之舟。

读经诵典　受益匪浅

子以议狱缓死①。

◎初九：虞吉②，有它不燕③。

▲《象》曰：初九虞吉，志未变也。

◎九二：鸣鹤在阴④，其子和之；我有好爵⑤，吾与尔靡⑥之。

▲《象》曰：其子和之，中心愿也。

◎六三：得敌⑦，或⑧鼓或罢，或泣或歌。

▲《象》曰：或鼓或罢，位不当也。

◎六四：月几望⑨，马匹亡，无咎。

▲《象》曰：马匹亡，绝类上⑩也。

◎九五：有孚挛如⑪，无咎。

注释：①议狱缓死：审判案件宽待死囚。②虞吉：因忧虑而获吉。③燕：通宴，安乐。④阴：阴凉处。⑤爵：酒具，借指酒。⑥靡：分享。⑦得敌：俘获了敌人。⑧或：有的。⑨几望：月亮将满未盈，参见《归妹》。⑩绝类上：断绝与同类的联系而向上承九五。⑪挛如：广系天下之心。挛，系；如，语气词。

▲《<ruby>象<rt>xiàng</rt></ruby>》曰:<ruby>有<rt>yǒu</rt></ruby><ruby>孚<rt>fú</rt></ruby><ruby>挛<rt>luán</rt></ruby><ruby>如<rt>rú</rt></ruby>,<ruby>位<rt>wèi</rt></ruby><ruby>正<rt>zhèng</rt></ruby><ruby>当<rt>dāng</rt></ruby><ruby>也<rt>yě</rt></ruby>。

◎<ruby>上<rt>shàng</rt></ruby><ruby>九<rt>jiǔ</rt></ruby>:<ruby>翰<rt>hàn</rt></ruby><ruby>音<rt>yīn</rt></ruby>①<ruby>登<rt>dēng</rt></ruby><ruby>于<rt>yú</rt></ruby><ruby>天<rt>tiān</rt></ruby>,<ruby>贞<rt>zhēn</rt></ruby><ruby>凶<rt>xiōng</rt></ruby>。

▲《<ruby>象<rt>xiàng</rt></ruby>》曰:<ruby>翰<rt>hàn</rt></ruby><ruby>音<rt>yīn</rt></ruby><ruby>登<rt>dēng</rt></ruby><ruby>于<rt>yú</rt></ruby><ruby>天<rt>tiān</rt></ruby>,<ruby>何<rt>hé</rt></ruby><ruby>可<rt>kě</rt></ruby><ruby>长<rt>cháng</rt></ruby><ruby>也<rt>yě</rt></ruby>!

注释:①翰音:飞鸟的叫声。一说为鸡的叫声。《礼记·曲礼》:鸡曰"翰音"。

鸣鹤在阴图　明·《程氏墨苑》

读经诵典　受益匪浅

小过卦① 第六十二

艮下　震上

● 小过：亨，利贞。可小事，不可大事。飞鸟②遗之音③，不宜上，宜下，大吉。

★《彖》曰：小过，小者过而亨也。过以利贞，与时行也。柔得中④，是以小事吉也。刚失位而不中⑤，是以不可大事也。有飞

注释：①《小过》卦：象征略有过越。②飞鸟：本卦六爻，四阴分居上下，形似鸟翅，故说飞鸟。③遗之音：留下的声音。④柔得中：指六二、六五分居上下卦之中。⑤刚失位而不中：指九四以阳爻居于阴位，且不在主爻的位置。

鸟之象焉。飞鸟遗之音,不宜上,宜下,大吉,上逆而下顺①也。

▲《象》曰:山上有雷②,小过;君子以行过乎恭,丧过乎哀,用过乎俭。

◎初六:飞鸟以凶。

▲《象》曰:飞鸟以凶,不可如何也。

◎六二:过其祖,遇其妣③;不及其君,遇其臣,无咎。

▲《象》曰:不及其君,臣不可过也。

◎九三:弗过防④之,从或⑤戕⑥之,凶。

▲《象》曰:从或戕之,凶如何也!

注释:①上逆而下顺:六五在九四之上,以柔乘刚,是逆;六二在九三之下,以柔承刚,是顺。②山上有雷:下艮为山,上震为雷。③妣:祖母。④过防:过分防备。⑤从或:从而。⑥戕:杀害。

◎九四：无咎，弗过遇之。往厉必戒，勿用永贞。

▲《象》曰：弗过遇之，位不当也。往厉必戒，终不可长也。

◎六五：密云不雨，自我西郊，公①弋取②彼③在穴。

▲《象》曰：密云不雨，已上也。

◎上六：弗遇过之，飞鸟离罹④之，凶，是谓灾眚。

▲《象》曰：弗遇过之，已亢也。

注释：①公：王公。②弋取：射得。③彼：指猎物。④离：通罹，指被射杀或被活捉。

雨赏图　清·戴本孝

读经诵典　受益匪浅

既济卦① 第六十三

☵☲ 离下　坎上

● 既济：亨，小利贞；初吉终乱。

★《彖》曰：既济，亨，小者亨也。利贞，刚柔正而位当②也。初吉，柔得中③也。终止则乱，其道穷也。

▲《象》曰：水在火上，既济；君子以思患而预防之。

◎ 初九：曳④其轮，濡⑤其尾，无咎。

▲《象》曰：曳其轮，义无咎也。

注释：①《既济》卦：象征已成功。②刚柔正而位当：指本卦阳爻均居于初、三、五阳位，阴爻均居于二、四、上阴位。③柔得中：指六二居于下离的中间。④曳：拖住。⑤濡：沾湿。

◎六二：妇丧其茀①，勿逐，七日得。

▲《象》曰：七日得，以中道也。

◎九三：高宗②伐鬼方③，三年克之；小人勿用。

▲《象》曰：三年克之，惫也。

◎六四：繻④有衣袽⑤，终日戒。

▲《象》曰：终日戒，有所疑也。

◎九五：东邻杀牛，不如西邻之禴祭⑥，实受其福。

▲《象》曰：东邻杀牛，不如西邻之时也。实受其福，吉大来也。

◎上六：濡其首，厉。

▲《象》曰：濡其首厉，何可久也！

注释：①茀：车上帘子。②高宗：商代的君王，名武丁。③鬼方：部落名。④繻：彩色的绸衣。⑤袽：破衣败絮。⑥禴祭：薄祭。

未济卦① 第六十四

坎下 离上

● 未济：亨。小狐汔②济，濡其尾，无攸利。

★《彖》曰：未济，亨，柔得中③也。小狐汔济，未出中也。濡其尾，无攸利，不续终也。虽不当位④，刚柔应⑤也。

▲《象》曰：火在水上⑥，未济；君

注释：①《未济》卦：象征尚未成功。②汔：极浅的河流。③柔得中：指六五以阴爻居于上离的正中。④不当位：本卦与既济卦正好相反，阳爻均居于二、四、上阴位，阴爻均居于初、三、五阳位，所以说不当位。⑤刚柔应：指初六与九四、九二与六五、六三与上九均阴阳相应。⑥火在水上：上离为火，下坎为水。

子以慎辨物居方。

◎初六：濡其尾，吝。

▲《象》曰：濡其尾，亦不知极也。

◎九二：曳其轮，贞吉。

▲《象》曰：九二贞吉，中以行正也。

◎六三：未济征凶，利涉大川。

▲《象》曰：未济征凶，位不当也。

◎九四：贞吉，悔亡；震[①]用伐鬼方，三年有赏于大国。

▲《象》曰：贞吉，悔亡，志行也。

◎六五：贞吉，无悔；君子之光，有孚，吉。

注释：①震：强有力。

▲《象》曰：君子之光，其晖吉也。

◎ 上九：有孚于饮酒，无咎；濡其首，有孚失是[①]。

▲《象》曰：饮酒濡首，亦不知节也。

注释：①是：代词，指"濡其首"的失误。

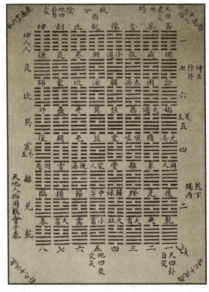

一中分造化方图　明·《来注易经图解》

系辞上传

建立卜筮图 清·《钦定书经图说》

秋窗读易图　宋·刘松年

第一章

天尊地卑，乾坤定矣。卑高以陈①，贵贱位矣。动静有常，刚柔断矣。方以类聚，物以群分，吉凶生矣。在天成象，在地成形，变化见②矣。

是故刚柔相摩，八卦相荡。鼓之以雷霆，润之以风雨，日月运行，一寒一暑，乾道成男，坤道成女。乾知大始，坤作成物。

乾以易知③，坤以简能。易则易知，简则易从。易知则有亲，易从则有功。有亲则可久，有功则可

注释：①卑高以陈：尊高卑低展示在哪里。②见：同现。③知：智慧。

大。可久则贤人之德,可大则贤人之业。易简,而天下之理得矣。天下之理得,而成位乎其中矣。

第二章

圣人设卦观象,系辞焉而明吉凶。刚柔相推而生变化,是故吉凶者,失得之象也。悔吝者,忧虞①之象也。变化者,进退之象也。刚柔者,昼夜之象也。六爻之动,三极②之道也。

是故君子所居而安者,《易》之序也;所乐而玩者,爻之辞也。是

注释:①虞:愁虑。②三极:指天、地、人。

故君子居则观其象而玩其辞,动则观其变而玩其占。是故自天佑之,吉无不利。

第三章

彖①者,言乎象者也。爻者,言乎变者也。吉凶者,言乎其失得也。悔吝者,言乎其小疵也。无咎者,善补过也。是故,列贵贱者存乎位,齐小大者存乎卦,辨吉凶者存乎辞,忧悔吝者存乎介②,震③无咎者存乎悔。是故,卦有小大,辞有险易。辞也者,各指其所之④。

注释:①彖:在这里指卦辞。②介:纤介,细小。③震:震动,惊惧。④所之:所往。

读经诵典　受益匪浅

第四章

《易》与天地准①，故能弥纶②天地之道。仰以观于天文，俯以察于地理，是故知幽明之故。原始反终③，故知死生之说。精气为物，游魂为变，是故知鬼神之情状。

与天地相似，故不违。知④周乎万物而道济天下，故不过。旁行⑤而不流⑥，乐天知命，故不忧。安土⑦敦乎仁⑧，故能爱。

范围天地之化而不过，曲成⑨万物而不遗，通乎昼夜之道⑩而

注释：①准：等同。②弥纶：统括。③原始反终：推原事物的开始去探求终结。④知：知识。⑤旁行：广泛推行。⑥流：流溢。⑦安土：安处当地。⑧敦乎仁：厚于仁，即很仁厚。⑨曲成：婉转生成。⑩昼夜之道：即一阴一阳之道。

知,故神无方①而《易》无体②。

第五章

一阴一阳之谓道。继之者善也,成之者性也。仁者见之谓之仁,知(智)者见之谓之知(智),百姓日用而不知,故君子之道鲜③矣!

显诸④仁,藏诸用,鼓⑤万物而不与圣人同忧,盛德大业,至矣哉!富有之谓大业,日新之谓盛德。生生⑥之谓易,成象之谓乾,效法之谓坤,极数⑦知来之谓占,通变之谓事,阴阳不测之谓神。

注释:①无方:没有一定的形态。②无体:没有一定的模式。③鲜:少。④诸:之于。⑤鼓:鼓动,催生。⑥生生:变化不息。⑦极数:穷尽数理。孔颖达疏:"谓穷极蓍策之数,豫知来事,占问吉凶,故云谓之占也。"

第六章

夫《易》,广矣大矣!以言乎远则不御①,以言乎迩②则静而正③,以言乎天地之间则备④矣!

夫乾,其静也专,其动也直,是以大生焉。夫坤,其静也翕⑤,其动也辟⑥,是以广生焉。广大配天地,变通配四时,阴阳之义配日月,易简之善配至德。

第七章

子曰:"《易》其至矣乎!"夫《易》,

注释:①不御:无止境。②迩:近。③静而正:精审而正确。④备:涵盖一切。⑤翕:闭拢。⑥辟:开张。

圣人所以崇德而广业也。知(智)崇礼卑,崇效天,卑法地。天地设位,而《易》行乎其中矣。成性①存存②,道义之门。

第八章

圣人有以见天下之赜③,而拟诸其形容,象其物宜④,是故谓之象⑤。圣人有以见天下之动,而观其会通⑥,以行其典礼⑦,系辞焉以断其吉凶,是故谓之爻。言天下之至赜,而不可恶也⑧。言天下之至动,而不可乱也⑨。拟之而后言,议之而后动,拟议以成其变化。

注释:①成性:成就美善的德性。②存存:存其所应存。③赜:杂乱,纷繁。④物宜:事物讨厌或恰当的意义。⑤象:卦象。⑥会通:融会贯通。⑦典礼:常规仪式。⑧恶:此处解为小看。⑨乱:乖违顺序。

读经诵典　受益匪浅

"鸣鹤在阴,其子①和之;我有好爵②,吾与尔靡③之。"子曰:"君子居其室,出其言善,则千里之外应之,况其迩者乎?居其室,出其言不善,则千里之外违之,况其迩④者乎?言出乎身,加乎⑤民;行發乎迩,见乎远。言行,君子之枢机⑥。枢机之發,荣辱之主也。言行,君子之所以动天地也,可不慎乎?"

"同人,先号咷而後笑。"子曰:"君子之道,或出⑦或处⑧,或默或语,二人同心,其利断金;同心之言,其臭⑨如兰。"

"初六,藉⑩用白茅,无咎。"子

注释:①子:伴侣。②爵:本义为酒器,此处指酒。③靡:分散,共享。
④迩:近。⑤加乎:影响到。⑥枢机:关键部位。⑦出:指从政。⑧处:指在家不仕。⑨臭:气味。一说臭音 chuò,义为香气。⑩藉:衬垫。

曰:"苟错<small>(措)</small>诸地①而可矣,席用白茅,何咎之有?慎之至也。夫茅之为物薄,而用可重也。慎斯术也以往,其无所失矣。"

"劳谦②,君子有终,吉。"子曰:"劳而不伐③,有功而不德④,厚之至也。语⑤以其功下人者也。德言⑥盛,礼言恭。谦也者,致恭以存其位者也。"

"亢龙有悔。"子曰:"贵而无位,高而无民,贤人在下位而无辅,是以动而有悔也。"

"不出户庭,无咎。"子曰:"乱之所生也,则言语以为阶。君不密

注释:①苟错诸地:随便放在地上。错,通措。②劳谦:勤劳而谦虚。③伐:自我夸耀。④不德:不自居其德。⑤语:这是说。⑥言:讲求。

则失臣,臣不密则失身①,几事②不密则害成。是以君子慎密而不出也。"

子曰:"作《易》者其知盗③乎?《易》曰:'负且乘,致寇至。'负也者,小人之事也;乘也者,君子之器也。小人而乘君子之器,盗思夺之矣!上慢下暴④,盗思伐之矣!慢藏诲盗⑤,冶容⑥诲淫。《易》曰:'负且乘,致寇至。'盗之招也。"

第九章

天一地二,天三地四,天五地六,天七地八,天九地十。天数五,

注释:①失身:丢脑袋。②几事:机密的事。③知盗:了解盗贼的心理。④上慢下暴:上面轻慢,下面强横。⑤诲:唆使。⑥冶容:打扮妖冶。

地数五，五位相得而各有合。天数二十有又五，地数三十。凡天地之数五十有又五。此所以成变化而行鬼神也。

大衍之数五十①，其用四十有又九②。分而为二以象两，挂一以象三，揲③之以四以象四时，归奇④于扐⑤以象闰，五岁再闰，故再扐而後挂。

乾之策，二百一十有又六。坤之策⑥，百四十有又四。凡三百有又六十，当期⑦之日。二篇之策，万有又一千五百二十，当万物之数也。

是故四营而成易，十有又八变

注释：①五十：应为五十有五（天数二十有五，地数三十）。②其用四十有九：用于演算的蓍草只有四十九根。③揲：数。④奇：奇零。⑤扐：手指之间。⑥策：一根蓍草。⑦期：一年。

而成卦,八卦而小成。引而伸之,触类而长之,天下之能事毕矣。

显道,神德行,是故可与酬酢①,可与佑神矣。子曰:"知变化之道者,其知神之所为乎!

《易》有圣人之道四焉:以言者尚其辞,以动者尚其变,以制器者尚其象,以卜筮者尚其占。"

第十章

是以君子将以有为也,将以有行也,问焉而以言②,其受命也如响③,无有远近幽深,遂知来物。非天下之至精,其孰④能与于此?

注释: ①酬酢:宾主对饮,引申为应对万物。②问焉而以言:用言语去提问。③如响:如响应声。④孰:谁。

参三伍①以变,错综②其数。通其变,遂成天地之文;极③其数,遂定天下之象。非天下之至变,其孰能与于此?

《易》无思也,无为也,寂然不动,感④而遂通天下之故。非天下之致神,其孰能与于此?

夫《易》,圣人之所以极深而研几⑤也。惟深也,故能通天下之志;惟几也,故能成天下之务;惟神也,故不疾而速,不行而至。子曰"《易》有圣人之道四焉"者,此之谓也。

注释:①参伍:三五无定。参,即三。伍,即五。②错综:错是爻画阴阳相反,综是卦体上下颠倒。③极:穷究。④感:感应。⑤几:几微,微妙。

第十一章

子曰："夫《易》,何为者也?夫《易》,开物①成务②,冒③天下之道,如斯而已者也。"是故圣人以通天下之志,以定天下之业,以断天下之疑。

是故蓍之德圆而神④,卦之德方以知(智)⑤,六爻之义易以贡⑥。圣人以此洗心,退藏于密,吉凶与民同患。神以知来,知(智)以藏往,其孰能与于此⑦哉!古之聪明睿知(智)神武而不杀⑧者夫!

是以明于天之道,而察于民之

注释:①开物:开发民智。②成务:成就事业。③冒:包容。④圆而神:圆通而神妙。⑤方以知:端正而通慧。知,同智。⑥贡:告诉人。⑦与此:达到这样的境界。⑧杀:刑杀,残暴。

故,是兴神物①以前民用。圣人以此斋戒,以神明其德夫!

是故阖②户谓之坤,辟③户谓之乾,一阖一辟谓之变;往来不穷谓之通。见④乃谓之象,形⑤乃谓之器。制而用之,谓之法利用出入⑥,民咸⑦用之谓之神。

是故易有太极⑧,是生两仪⑨,两仪生四象⑩,四象生八卦,八卦定吉凶,吉凶生大业。

是故法象莫大乎天地;变通莫大乎四时;县象著明莫大乎日月;崇高莫大乎富贵;备物致用,

注释:①神物:占筮之物。②阖:关闭。③辟:开启。④见:显示。⑤形:成形。⑥利用出入:指或这样或那样地反复利用前面所说的"法"。⑦咸:全。⑧太极:古代哲学家指天地阴阳未分时的混沌状态。⑨两仪:乾坤。⑩四象:指太阳、太阴、少阳、少阴,为两仪自我或相互交叠而成。

立成器以为天下利,莫大乎圣人;探赜①索隐②,钩深③致远④,以定天下之吉凶,成天下之亹亹⑤者,莫大乎蓍龟。

是故天生神物⑥,圣人则之⑦;天地变化,圣人效之;天垂象,见(现)吉凶,圣人象之;河出图,洛出书,圣人则之。易有四象⑧,所以示也;系辞⑨焉,所以告也;定之以吉凶,所以断也。

第十二章

《易》曰:"自天祐之,吉无不利。"

注释:①探赜:探讨复杂事物。②索隐:索求隐秘。③钩深:钩稽深奥。④致远:达致远大。⑤亹亹:勤勉不倦。⑥神物:指蓍草和灵龟。⑦则之:以神物为则。⑧四象:即老阳、老阴、少阳、少阴。⑨系辞:在卦爻象下写几句话,不是指《系辞传》。

子曰："祐者,助也。天之所助者,顺①也;人之所助者,信②也。履信思乎顺,又以尚贤也,是以'自天佑之,吉无不利'也。"

子曰："书③不尽言,言不尽意④。"然则圣人之意,其不可见乎?

子曰："圣人立象以尽意,设卦以尽情伪⑤,系辞焉以尽其言,变而通之以尽利,鼓之舞之以尽神⑥。"

乾坤,其易之缊⑦邪?乾坤成列,而易立乎其中矣。乾坤毁,则无以见易;易不可见,则乾坤或几乎息矣。

注释：①顺：顺从天道者。②信：笃守诚信者。③书：写出的文字。④意：思想。⑤情伪：真假。⑥神：神妙。⑦缊：内涵。

是故形而上①者谓之道,形而下②者谓之器,化③而裁④之谓之变,推而行之谓之通,举而错[措]⑤之天下之民谓之事业。

是故夫象,圣人有以见天下之赜⑥,而拟⑦诸其形容,象其物宜⑧,是故谓之象。圣人有以见天下之动,而观其会通,以行其典礼,系辞焉以断其吉凶,是故谓之爻。极天下之赜者存乎卦,鼓天下之动者存乎辞;化而裁之存乎变,推而行之存乎通,神而明之存乎其人。默而成之,不言而信,存乎德行。

注释:①**形而上**:存在于形体之上的,指精神。②**形而下**:存在于形体之下的,指物质。③**化**:融会其理。④**裁**:改造,控制。⑤**错**:通措,运用。⑥**赜**:杂乱。⑦**拟**:摹拟。⑧**物宜**:事物适宜的意义。

系辞下传

三兆习吉图　清·《钦定书经图说》

华山仙掌图　明·谢时臣

第一章

八卦成列,象在其中矣。因而重之,爻在其中矣。刚柔相推,变在其中矣。系辞焉而命之,动在其中矣。

吉凶悔吝者,生乎动者也;刚柔者,立本者也;变通者,趣时①者也。吉凶者,贞胜者也;天地之道,贞观②者也;日月之道,贞明者也;天下之动,贞夫一③者也。

夫乾,确然示人易矣;夫坤,隤然④示人简矣。爻也者,效此者也;象也者,像此者也。爻象动乎

注释:①趣时:趋时,顺应形势。趣同趋,趋向。②贞观:正确昭示。
③贞夫一:正于一。④隤然:柔顺地。

内,吉凶见现乎外,功业见现乎变,圣人之情见现乎辞。

天地之大德曰生,圣人之大宝曰位。何以守位?曰仁。何以聚人?曰财。理财正辞,禁民为非曰义。

第二章

古者包牺氏①之王天下也,仰则观象于天,俯则观法于地,观鸟兽之文,与地之宜,近取诸身,远取诸物,于是始作八卦,以通神明之德,以类万物之情。作结绳而为罔罟②,以佃畋③以渔,盖取诸离④。

注释:①包牺氏:即伏羲氏。包,本又作庖。②罔罟:取兽曰网,取鱼曰罟。③佃:即畋,狩猎。④离:离卦。以下同。

包牺氏没(殁)，神农氏作，斫木为耜，揉木为耒，耒耨①之利，以教天下，盖取诸益。日中为市②，致天下之民，聚天下之货，交易而退，各得其所，盖取诸噬嗑。

神农氏没(殁)，黄帝、尧、舜氏作，通其变，使民不倦；神而化之，使民宜之。易穷则变，变则通，通则久。是以自天佑之，吉无不利。

黄帝、尧、舜，垂衣裳而天下治，盖取诸乾坤。

刳③木为舟，剡④木为楫，舟楫之利，以济不通，致远以利天下，盖取诸涣。

注释：①耒耨：耕种。耨，除草。②为市：做生意。③刳：挖空。④剡：削尖。

读经诵典　受益匪浅

服①牛乘马，引重致远以利天下，盖取诸随。

重门击柝②，以待暴客，盖取诸豫。

断木为杵，掘地为臼，臼杵之利，万民以济，盖取诸小过。

弦③木为弧，剡木为矢，弧矢之利，以威天下，盖取诸睽。

上古穴居而野处，後世圣人易之以宫室，上栋下宇，以待风雨，盖取诸大壮。

古之葬者，厚衣之以薪，葬之中野，不封④不树⑤，丧期无数，後世圣人易之以棺椁，盖取诸大过。

注释：①服：驾。②击柝：敲梆子，巡更。③弦：弯曲。④封：垒土。⑤树：植树。

上古结绳而治，后世圣人易之以书契，百官以治，万民以察，盖取诸夬。

第三章

是故，易者象也。象也者，像也。象①者，材②也。爻也者，效天下之动也。是故，吉凶生，而悔吝著也。

注释：①象：指卦辞，不是《象传》。②材：裁度。

竹西草堂图 元·张渥

第四章

阳卦多阴,阴卦多阳,其故何也?阳卦奇①,阴卦耦②。其德行何也?阳一君③而二民④,君子之道也;阴二君而一民,小人之道也。

第五章

《易》曰:"憧憧往来,朋从尔思。"

子曰:"天下何思何虑?天下同归而殊涂,一致而百虑,天下何思何虑?日往则月来,月往则日来,日月相推而明生焉;寒往则暑

注释:①奇:单数。②耦:同偶,双数。③一君:指阳画。④二民:指阴画。

来,暑往则寒来,寒暑相推而岁成焉。往者屈也,来者信(伸)也,屈信(伸)相感而利生焉。尺蠖②之屈,以求信(伸)也;龙蛇之蛰③,以存身也。精义入神,以致用也;利用安身,以崇德也。过此以往,未之或知也。穷神知化,德之盛也。"

《易》曰:"困于石,据于蒺藜④,入于其宫,不见其妻,凶。"子曰:"非所困而困焉,名必辱;非所据而据焉,身必危。既辱且危,死期将至,妻其可得见邪(耶)?"

《易》曰:"公用射隼⑤于高墉之上,获之无不利。"子曰:"隼者,

注释:①信:通伸。②尺蠖:一种昆虫,走起来一屈一伸的。③蛰:动物冬眠。④蒺藜:一种有刺的植物。⑤隼:一种猛禽。

禽也;弓矢者,器也;射之者,人也。君子藏器于身,待时而动,何不利之有?动而不括,是以出而有获。语成器而动者也。"

子曰:"小人不耻不仁,不畏不义①,不见利不劝②,不威不惩③。小惩而大诫④,此小人之福也。《易》曰'屦校灭趾,无咎',此之谓也。善不积,不足以成名;恶不积,不足以灭身。小人以小善为无益而弗为也,以小恶为无伤而弗去也。故恶积而不可掩,罪大而不可解。《易》曰:'何校灭耳,凶。'"

子曰:"危者,安其位者也;亡

注释:①不畏不义:指不畏正理。②劝:勤勉。③惩:警戒。④诫:告诫。

者，保其存者也；乱者，有其治者也。是故，君子安而不忘危，存而不忘亡，治而不忘乱，是以身安而国家可保也。《易》曰：'其亡其亡，系于苞桑。'"

子曰："德薄而位尊，知[智]①小而谋大，力小而任重，鲜不及矣。《易》曰：'鼎折足，覆公𫗦②，其形渥③，凶。'言不胜其任也。"

子曰："知几④其神乎？君子上交不谄⑤，下交不渎⑥，其知几乎？几者，动之微，吉之先见[现]者也。君子见几而作，不俟⑦终日。《易》曰：

注释：①知：同智。②𫗦：稀饭。③渥：沾濡腥腻。④几：几微，事物的苗头。⑤谄：谄媚，巴结。⑥渎：轻慢，马虎。⑦俟：等到。

'介①于石，不终日，贞吉。'介于石焉，宁用终日？断可识矣！君子知微知彰，知柔知刚，万夫之望。"

子曰："颜氏之子，其殆②庶几③乎？有不善，未尝不知；知之，未尝復行也。《易》曰：'不远復，无祇悔④，元吉。'"

"天地絪縕⑤，万物化醇。男女构精，万物化生。《易》曰：'三人行，则损一人；一人行，则得其友。'言致一也。"

子曰："君子安其身而後动，易其心而後语，定其交而後求。君子

注释：①介：耿介。②殆：大概。③庶几：差不多。④祇悔：大悔。⑤絪縕：同氤氲，指阴阳交感。

读经诵典　受益匪浅

修此三者,故全也。危以动,则民不与也;惧以语,则民不应也;无交而求,则民不与也。莫之与,则伤之者至矣。《易》曰:'莫益之,或击之,立心勿恒,凶。'"

第六章

子曰:"乾坤其《易》之门邪?乾,阳物也;坤,阴物也。阴阳合德而刚柔有体,以体天地之撰①,以通神明之德。其称名②也,杂而不越③。于稽④其类,其衰世之意邪?"

子曰:"夫《易》,彰往而察来,

注释: ①撰:营作。②称名:用辞称述的物名。③越:逾越。④稽:考察。

系辞下传

读经诵典　受益匪浅

而微显阐幽①,开②而当名,辨物正言,断辞则备矣。其称名也小,其取类也大。其旨远,其辞文,其言曲而中,其事肆而隐。因贰③以济民行,以明失得之报。"

第七章

《易》之兴也,其于中古乎!作《易》者,其有忧患乎!

是故,履④,德之基也;谦,德之柄也;复,德之本也;恒,德之固也;损,德之修也;益,德之裕也;困,德之辨也;井,德之地也;巽,

---

注释: ①微显阐幽:应为显微阐幽,显示精深,阐发幽隐。②开:开释,解释。③贰:指阴、阳两方面的道理。④履:卦名,下同。

德之制也。

履，和而至；谦，尊而光；复，小而辨于物；恒，杂而不厌；损，先难而后易；益，长裕①而不设②；困，穷而通；井，居其所而迁；巽，称③而隐。

履，以和行；谦，以制礼；复，以自知；恒，以一德；损，以远害；益，以兴利；困，以寡怨；井，以辨义；巽，以行权。

注释：①裕：有助于人。②设：自我称赏，也可作虚设、造作解。③称：合乎道德要求。

六十四卦反对变图之一　元·《大易象数钩深图》

第八章

《易》之为书也不可远,为道也屡迁。变动不居①,周流六虚②,上下无常,刚柔相易,不可为典要③,唯变所适。其出入以度,外内使知惧,又明于忧患与故,无有师保④,如临父母。初率其辞而揆其方⑤,既有典常。苟非其人,道不虚行。

第九章

《易》之为书也,原始⑥要终⑦,

注释: ①居:停留。②六虚:六个虚着的爻位。③典要:固定的法则。④师保:师与保,古代教育贵族子弟的专职人员。⑤揆其方:揆度它的法则。⑥原始:推究开始。⑦要终:求得结果。

以为质①也。六爻相杂,唯其时物②也。其初难知,其上易知,本末也。初辞拟之,卒成之终。

若夫杂物撰德③,辨是与非,则非其中爻④不备。噫!亦要存亡吉凶,则居⑤可知矣。知(智)者观其象辞⑥,则思过半矣。二与四,同功而异位,其善⑦不同,二多誉,四多惧,近也⑧。柔之为道,不利远者,其要无咎,其用柔中也。三与五,同功而异位,三多凶,五多功,贵贱之等也。其柔危,其刚胜邪(耶)?

注释:①质:卦体。②时物:时机与物象。③撰德:具列德性。④中爻:中间的爻位。⑤居:坐着不动。⑥象辞:卦辞。⑦善:优点。⑧近也:指接近至尊的第五个爻位。以臣近君,所以多惧。

第十章

《易》之为书也,广大悉备,有天道焉,有人道焉,有地道焉。兼三才①而两之,故六。六者非它也,三才之道也。道有变动,故曰爻;爻有等②,故曰物;物相杂,故曰文;文不当,故吉凶生焉。

第十一章

《易》之兴也,其当殷之末世、周之盛德邪耶?当文王与纣之事邪耶?是故其辞危③。危者使平,易

注释:①三才:天、地、人。②等:等级,类别。③危:有危机感。

者使倾。其道甚大，百物不废①。惧以终始，其要无咎。此之谓《易》之道也。

第十二章

夫乾，天下之至健也，德行恒易②以知险③；夫坤，天下之至顺也，德行恒简以知阻。能说(悦)诸心，能研诸侯之④虑，定天下之吉凶，成天下之亹亹者。

是故，变化云为⑤，吉事有祥，象事知器，占事知来。天地设位，圣人成能。人谋鬼谋，百姓与能。

注释：①不废：不休。废，衰败。②易：平易。③险：艰险。④侯之：当为衍文。⑤云为：有为。

八卦以象告,爻象以情言,刚柔杂居,而吉凶可见现矣!变动以利言,吉凶以情迁。是故爱恶相攻而吉凶生,远近相取而悔吝生,情伪[1]相感而利害生。凡易之情,近而不相得则凶,或害之,悔且吝。

将叛者,其辞惭,中心疑者其辞枝,吉人之辞寡,躁人之辞多,诬善之人其辞游,失其守者其辞屈。

注释:①情伪:真假。

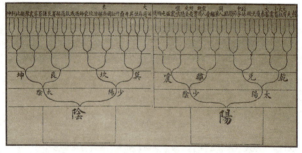

伏羲六十四卦次横图　明·《来注易经图解》

说卦传

东山丝竹图 元·佚名

渔家图 明·谢彬

第一章

昔者圣人之作《易》也，幽赞①于神明而生蓍②，参天两地③而倚数④，观变于阴阳而立卦，發揮于刚柔而生爻，和顺于道德而理于义，穷理尽性以至于命。

第二章

昔者圣人之作《易》也，将以顺性命之理。是以立天之道，曰阴与阳；立地之道，曰柔与刚；立人之道，曰仁与义。兼三才而两之，故

注释：①幽赞：暗中协助。②生蓍：用蓍草求卦。③参天两地：意思是天数为奇，地数为偶。④倚数：倚以立数。

《易》六画而成卦;分阴分阳,迭用柔刚,故易六位而成章。

第三章

天地定位,山泽通气,雷风相薄①,水火不②相射,八卦相错。数往者顺,知来者逆,是故《易》逆数③也。

第四章

雷以动之,风以散之;雨以润之,日以烜④之;艮以止之,兑以说(悦)之;乾以君之,坤以藏之。

注释:①薄:逼近,交相潜入、应和之义。②不:当为衍文。③逆数:指在《易经》中,六爻是由下往上数的。④烜:晒。

读经诵典　受益匪浅

第五章

帝①出乎震，齐乎巽，相见乎离，致役②乎坤，说(悦)言乎兑，战乎乾，劳乎坎，成言乎艮。

万物出乎震，震，东方也。齐乎巽，巽，东南也；齐也者，言万物之絜(洁)齐也。离也者，明也，万物皆相见，南方之卦也；圣人南面而听天下，向明而治，盖取诸此也。

坤也者，地也，万物皆致养焉，故曰致役乎坤。兑，正秋也，万物之所说(悦)也，故曰说(悦)言乎兑。战

注释：①帝：天帝，或元气。②役：从事。

乎乾,乾,西北之卦也,言阴阳相薄也。坎者,水也,正北方之卦也,劳卦也,万物之所归①也,故曰劳乎坎。艮,东北之卦也,万物之所成终而所成始也,故曰成言乎艮。

第六章

神也者,妙万物而为言者也。动万物者莫疾乎雷;桡②万物者,莫疾乎风;燥万物者,莫熯③乎火;说(悦)万物者,莫说(悦)乎泽;润万物者,莫润乎水;终万物始万物者,

---

注释:①归:归藏休息。②桡:同挠,弯曲。这里指吹拂万物,或使舒发或使摧折。③熯:炽热。

莫盛乎艮。故水火相逮①,雷风不相悖②,山泽通气,然后能变化,既成万物也。

第七章

乾,健也;坤,顺也;震,动也;巽,入也;坎,陷也;离,丽也;艮,止也;兑,说(悦)也。

第八章

乾为马,坤为牛,震为龙,巽为鸡,坎为豕,离为雉,艮为狗,兑为羊。

注释:①逮:及。②悖:排斥。

读经诵典 受益匪浅

第九章

乾为首,坤为腹,震为足,巽为股,坎为耳,离为目,艮为手,兑为口。

第十章

乾,天也,故称父;坤,地也,故称母;震一索①而得男,故谓之长男②。巽一索而得女,故谓之长女③;坎再索而得男,故谓之中男;离再索而得女,故谓之中女;艮三索而得男,故谓之少男;兑三索而得女,故谓之少女。

注释:①一索:求之于第一爻。索,求合。②男:阳。③女:阴。

第十一章

乾为天，为圜，为君，为父，为玉，为金，为寒，为冰，为大赤①，为良马，为老马，为瘠马，为驳马，为木果。

坤为地，为母，为布，为釜，为吝啬②，为均③，为子母牛④，为大舆，为文，为众，为柄，其于地也为黑。

震为雷，为龙，为玄黄，为旉⑤，为大涂⑥，为长子，为决躁⑦，为苍筤竹，为萑苇⑧。其于马也，为善鸣，为馵足⑨，为作足⑩，为的颡⑪。

注释：①大赤：大红，喻盛阳之色。②吝啬：指地矿深藏不露。③均：无有厚薄。④子母牛：指蕃育而顺。⑤旉：花朵。⑥涂：通途。⑦决躁：刚决躁动。⑧萑苇：蒹葭。⑨馵足：马后左脚毛白。⑩作足：举蹄腾跳。⑪的颡：白额头。

其于稼也,为反生①。其究为健,为蕃鲜②。

巽为木,为风,为长女,为绳直,为工,为白,为长,为高,为进退,为不果,为臭③。其于人也,为寡发,为广颡,为多白眼,为近利市三倍。其究为躁卦④。

坎为水,为沟渎,为隐伏,为矫輮⑤,为弓轮。其于人也,为加忧,为心病,为耳痛,为血卦,为赤。其于马也,为美脊,为亟心⑥,为下首,为薄蹄,为曳⑦。其于舆也,为多眚⑧,为通,为月,为盗。其于木

注释:①反生:种子顶着果壳生长。②蕃鲜:茂盛鲜明。③臭:气味。④躁卦:好动的卦。⑤矫輮:矫是变曲为直,輮是变直为曲。⑥亟心:焦急的心。⑦曳:拖曳,走不动。⑧多眚:多灾。

也，为坚多心。

离为火，为日，为电，为中女，为甲胄，为戈兵。其于人也，为大腹；为干卦①；为鳖，为蟹，为蠃②，为蚌，为龟。其于木也，为科上槁③。

艮为山，为径路，为小石，为门阙，为果蓏④，为阍寺⑤，为指，为狗，为鼠，为黔喙⑥之属。其于木也，为坚多节。

兑为泽，为少女，为巫，为口舌，为毁折，为附决。其于地也，为刚卤⑦，为妾，为羊。

注释：①干卦：干燥的卦。②蠃：螺。③科：借为棵，树干。④蓏：瓜类植物之果实。⑤阍寺：阍人和寺人。阍人是守宫门的，寺人即太监。⑥黔喙：黑嘴，借指猛禽。⑦刚卤：坚硬而贫瘠。

明皇避暑宫图 宋·郭忠恕

序卦传

洞天山堂图 金·佚名

盘阵图 宋·佚名

读经诵典　受益匪浅

序卦传

有天地,然后万物生焉。盈天地之间者,唯万物,故受之以《屯》。

屯者,盈也。屯者,物之始生也。物生必蒙①,故受之以《蒙》。

蒙者,蒙也,物之稚也。物稚不可不养也,故受之以《需》。

需者,饮食之道也。饮食必有讼,故受之以《讼》。

讼②,必有众起,故受之以《师》。

师者,众也。众必有所比③,故受之以《比》。

比者,比也。比必有所畜也,

注释：①蒙：蒙昧,幼稚。②讼：争论。③比：联系。

247

故受之以《小畜》。

物畜然后有礼,故受之以《履》。

履而泰,然后安,故受之以《泰》。

泰者,通也。物不可以终通,故受之以《否》①。

物不可以终否,故受之以《同人》。

与人同者,物必归焉,故受之以《大有》。

有大者,不可以盈,故受之以《谦》。有大而能谦必豫,故受之以《豫》。

注释:①否:倒霉。

豫必有随，故受之以《随》。

以喜随人者必有事，故受之以《蛊》①。

蛊者，事也。有事而後可大，故受之以《临》。

临者，大也。物大然後可观，故受之以《观》。

可观而後有所合，故受之以《噬嗑》。

嗑者，合也。物不可以苟②合而已，故受之以《贲》。

贲者，饰也。致饰然後亨则尽矣，故受之以《剥》。

剥者，剥也。物不可以终尽

注释：①蛊：本义是毒虫，引申为迷惑。②苟：随便。

剥,穷上反下,故受之以《復》。

復则不妄矣,故受之以《无妄》。

有无妄然後可畜,故受之以《大畜》。

物畜然後可养,故受之以《颐》。

颐者,养也。不养则不可动,故受之以《大过》。

物不可以终过,故受之以《坎》。

坎者,陷也。陷必有所丽,故受之以《离》。

离者,丽也。

读经诵典　受益匪浅

有天地,然後有万物;有万物,然後有男女;有男女,然後有夫妇;有夫妇,然後有父子;有父子,然後有君臣;有君臣,然後有上下;有上下,然後礼仪有所错[措]①。

夫妇之道,不可以不久也,故受之以恒。

恒者,久也。物不可以久居其所,故受之以《遁》。

遁者,退也。物不可终遁,故受之以《大壮》。

物不可以终壮,故受之以《晋》。

晋者,进也。进必有所伤,故受

注释:①错:通措,安排。

序卦传

之以《明夷》。

夷者，伤也。伤于外者必反其家，故受之以《家人》。

家道穷必乖①，故受之以《睽》。

睽者，乖也。乖必有难，故受之以《蹇》。

蹇者，难也。物不可终难，故受之以《解》。

解者，缓也。缓必有所失，故受之以《损》。

损而不已，必益，故受之以《益》。

益而不已必决，故受之以《夬》。

注释：①乖：背离，违背。

夬者,决也。决必有所遇,故受之以《姤》。

姤者,遇也。物相遇而後聚,故受之以《萃》。

萃者,聚也。聚而上者谓之升,故受之以《升》。

升而不已,必困,故受之以《困》。

困乎上者必反返下,故受之以《井》。

井道不可不革,故受之以《革》。

革物者莫若鼎,故受之以《鼎》。

主器者莫若长子,故受之以《震》。

震者,动也。物不可以终动,止之,故受之以《艮》。

艮者,止也。物不可以终止,故受之以《渐》。

渐者,进也。进必有所归,故受之以《归妹》。

得其所归者必大,故受之以《丰》。

丰者,大也。穷大者必失其居,故受之以《旅》。

旅而无所容,故受之以《巽》。

巽者,入也。入而後说(悦)之,故受之以《兑》。

兑者,说(悦)也。说(悦)而後散之,

故受之以《涣》。

涣者,离也。物不可以终离,故受之以《节》。

节而信之,故受之以《中孚》。

有其信者必行之,故受之以《小过》。

有过物者,必济,故受之以《既济》。

物不可穷也,故受之以《未济》。终焉。

山水图　明·盛茂烨

杂卦传[1]

秋舸清啸图 元·盛懋

注释：①《杂卦传》杂取六十四卦加以解说。

乾刚坤柔，比乐师忧。临、观之义，或与或求。屯见(现)而不失其居①。蒙杂而著。震，起也。艮，止也。损、益，盛衰之始也。大畜，时也。无妄，灾也。萃聚而升不来也。谦轻而豫怠②也。噬嗑，食也。贲，无色也。兑见(现)而巽伏也。随，无故也。蛊则饬也。剥，烂也。復，反(返)也。晋，昼也。明夷，诛也。井通，而困相遇也。咸，速也。恒，久也。涣，离也。节，止也。解，缓也。蹇，难也。睽，外也。家人，内也。否、泰反其类也。大壮则止，遁则退也。大有，众也。同人，亲也。革，去故

注释：①居：位置。②豫怠：犹豫懈怠。

也。鼎,取新也。小过,过也。中孚,信也。丰,多故也。亲寡,旅也;离上而坎下也。小畜,寡也。履,不处也。需,不进也。讼,不亲也。大过,颠也。姤,遇也,柔遇刚也。渐,女归①待男行也。颐,养正也。既济,定也。归妹,女之终也。未济,男之穷也。夬,决也,刚决柔也;君子道长,小人道忧也。

注释: ①女归:女子出嫁。

仿宋元山水图　清·高　简

读经诵典　受益匪浅

附录一

周易本义卦歌(三种)

(一)八卦取象歌

乾三连　　坤六断　　震仰盂
艮覆碗　　离中虚　　坎中满
兑上缺　　巽下断

(二)分宫卦象次序歌

乾为天　天风姤　天山遁　天地否
　　　　风地观　山地剥　火地晋
火天大有

坎为水　水泽节　水雷屯　水火既济
　　　　泽火革　雷火丰　地火明夷
　　　　地水师

艮为山　山火贲　山天大畜　山泽损
　　　　火泽睽　天泽履　风泽中孚
　　　　风山渐

震为雷　雷地豫　雷水解　雷风恒
　　　　地风升　水风井　泽风大过
　　　　泽雷随

巽为风　风天小畜　风火家人
　　　　风雷益　天雷无妄
　　　　火雷噬嗑　山雷颐　山风蛊

离为火　火山旅　火风鼎　火水未济
　　　　山水蒙　风水涣　天水讼
　　　　天火同人

读经诵典　受益匪浅

坤为地　地雷復　地泽临　地天泰
雷天大壮　泽天夬　水天需
水地比

兑为泽　泽水困　泽地萃　泽山咸
水山蹇　地山谦　雷山小过
雷泽归妹

(三) 上下经卦名次序歌

乾坤屯蒙需讼师　比小畜兮履泰否
同人大有谦豫随　蛊临观兮噬嗑贲
剥復无妄大畜颐　大过坎离三十备
咸恒遁兮及大壮　晋与明夷家人睽
蹇解损益夬姤萃　升困井革鼎震继
艮渐归妹丰旅巽　兑涣节兮中孚至
小过既济兼未济　是为下经三十四

读经诵典　受益匪浅

附录二

周易本义图书(八种)

(一)河图　　(二)洛书

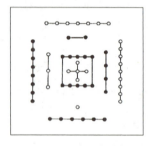
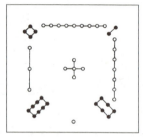

《系辞传》曰："河出《图》，洛出《书》，圣人①则之。"又曰："天一，地二，天三，地四，天五，地六，天七，地八，天九，地十；天数五，地数五，五位相得而各有合。天数二十

注释：①圣人：指孔子。

有五,地数三十,凡天地之数五十有五,此所以成变化,而行鬼神也。"此《河图》之数也。《洛书》盖取龟象,故其数戴九履一,左三右七,二四为肩,六八为足。

蔡元定[1]曰:"《图》、《书》之象,自汉孔安国[2]、刘歆[3]、魏关朗[4]子明,有宋康节先生——邵雍[5]尧夫,皆谓如此,至刘牧始两易其名,而诸家因之,故今復之,悉从其旧。"

注释:①**蔡元定**:南宋著名的理学家,对程朱理学的形成有重要贡献。
②**孔安国**:西汉经学家,孔子的後裔。③**刘歆**:西汉末著名的古文经学家,曾任王莽的"国师"。④**关朗**:北魏时人,字子明,据说曾撰有一本《易传》。⑤**邵雍**:北宋著名的哲学家,字尧夫,死後谥康节。

山水图 清·傅眉

(三)伏羲八卦次序

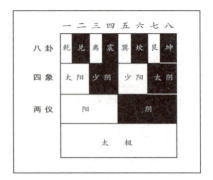

《系辞传》曰:"易有太极,是生两仪,两仪生四象,四象生八卦。"邵子①曰:"一分为二,二分为四,四分为八也。"《说卦传》曰:"易,逆数也。"邵子曰:"乾一,兑二,离三,震四,巽五,坎六,艮七,坤八。自乾至坤,皆得未生之卦,若逆推四时之比也。"后六十四卦次序放仿此。

注释:①邵子:即邵雍。

(四)伏羲八卦方位

《说卦传》曰:"天地定位,山泽通气,雷风相薄,水火不相射;八卦相错,数往者顺,知来者逆。"邵子曰:"乾南,坤北,离东,坎西,震东北,兑东南巽西南,艮西北。自震至乾为顺,自巽至坤为逆。"

（五）伏羲六十四卦次序

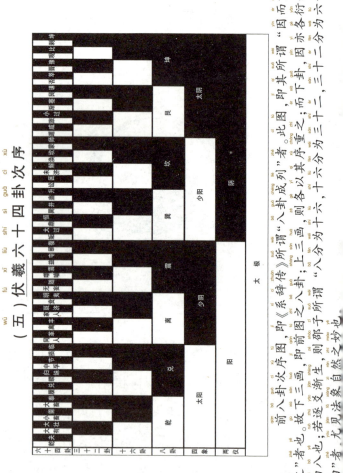

前八卦次序图，即《系辞传》所谓"八卦成列"者。此图，即其所谓"因而重之"者也。前图之八卦，上三画，即前图之八卦；下三画，则各以其序重之；而下卦，因亦各衍而为八卦也。故下三画，即前图之八卦，八分为十六，十六分为三十二，三十二分为六十四"者也。若逐爻渐生，则邵子所谓"八分为十六，十六分为三十二，三十二分为六十四"者，尤见法象自然之妙也。

(六)伏羲六十四卦方位图

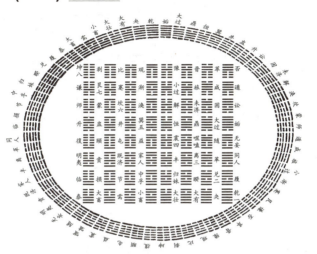

伏羲四图,其说皆出邵氏。盖邵氏得之李之才挺之,挺之得之穆修伯长,伯长得之华山希夷先生陈抟图南者,所谓"先天之学"也。此图圆布者,乾尽午中,坤尽子中,离尽卯中,坎尽酉中;阳生于子中,极于午中。阴生于午中,极于子中;其阳在南,其阴在北。方布者,乾始于西北,坤尽于东南;其阳在北,其阴在南。此二者,阴阳对待之数。圆于外者为阳,方于中者为阴;圆者动而为天,方者静而为地者也。

（七）文王八卦次序

```
         乾              坤
         父              母
  艮              兑
  坎              离
  震              巽

震   坎   艮   巽   离   兑
长   中   少   长   中   少
男   男   男   女   女   女

得   得   得   得   得   得
乾   乾   乾   坤   坤   坤
初   中   上   初   中   上
爻   爻   爻   爻   爻   爻
```

（八）文王八卦方位

南 离

东 震

北

见《说卦》。邵子曰："此文王之卦，乃入用之位，後天之学也。"

传说伏羲创八卦，文王演练成六十四卦，周公著爻辞，孔子著十翼成为现今的《易经》。

春景山水图 明·钟钦礼